富と幸せを手に入れる
魔法の黄金律

# すべて
# うまくいく人は
# こう考える

THE MAGIC OF
THINKING SUCCESS

David J. Schwartz
デイビッド・シュワルツ
弓場隆 訳

Discover

**The Magic of Thinking Success**
by
David J. Schwartz, Ph.D.


Published by arrangement with
Wilshire Book Company
Los Angeles, CA USA
www.mpowers.com
ISBN 978-0-879804-20-6
Library of Congress Catalog Card Number: 86-51563
Japanese translation published by arrangement with Wilshire Book Company
through The English Agency (Japan) Ltd.

サラ・アン・シュワルツへ

君は偉大な思想家だ。愛を分かち合って育むこと、素朴なことに幸福を見いだすこと、才能を発揮して成功することをいつも教えてくれる。

君は素晴らしい孫娘であり、友人であり、特別な人物だ。サラと君の妹アビゲイル・アマンダ、弟デイビッド・ジェームズに本書をささげる。

# 序文

私たちが人間として持っている最も重要な能力は何だろうか？

周囲の世界を見る能力か？　歌や声を聴く能力か？　人生の喜びを感じる能力か？

自然の恵みを楽しむ能力か？


デイビッド・J・シュワルツ博士は「人間の最も重要な能力は創造力だ」と主張している。具体的に言うと、理想の人生を思い描き、それをつくり出す能力である。

だが、創造力はそれにとどまらない。それは前向きな心の持ち方であり、積極的な行動計画である。言い換えると、大きな夢を持ち、それを実現する能力だ。

実用的な方法と励ましに満ちた本書は、私たちが持っているこの素晴らしい能力を発見し活用するのに役立つ。

自分が何を欲しているかを把握している人はわずかであり、それを手に入れる計画を持っている人はもっと少ない。

だが、そういう計画性がなければ、ワクワクする人生は送れないし、満足感は得られない。当然、大きな成功を収めることもできない。本書は幸福感と満足感を得る方法を提示し、そのための貴重なテクニックを紹介する指南書である。


「成功は幸福を意味する」とシュワルツ博士は指摘している。仕事、人間関係、世界観は、個人の成功を促進したり妨害したりする。

シュワルツ博士は「成功者は自信にあふれた楽観的な姿勢で毎日を情熱的に迎え入れる」と断言している。成功者はいつも自信にあふれ、人生に満足している。人生でほしいものを手に入れるには、与えなければならないことを知っている。他人を愛することを知り、楽しみながら仕事に励んでいる。

成功者は他人のモチベーションを高める達人であり、他人の成果を見て大きな喜びを得る。人への思いやりにあふれ、人を支援し、人から支援される。試練が人生の一部であることを知り、ピンチをチャンスに変えて成長を遂げる。

成功者は恐れていることに立ち向かい、痛みを経験しながら恐怖心を克服する。日常生活に幸福を見いだすのがうまく、周囲にいる人たちも元気がわいてくる。
成功者がふだん笑みを浮かべているのは、内面の強さと前向きな生き方の証しである。

あなたは、自分が成功者の仲間入りをしていると思っているだろうか。自分は幸せだと感じているだろうか。毎日が喜びにあふれた素晴らしい機会に見えているだろうか。

もしそうでないなら、シュワルツ博士の重要なメッセージに耳を傾けよう。彼は「誰もが豊かで充実した人生を送ることができる」と主張し、それに欠かせない心の持ち方と行動を見極め、成功を収めるのに必要な方法を説明している。

望んでいる人生を手に入れるかどうかは、今、本書を手に取っているあなた次第だ。本書の情報を活用すれば、大きな夢を実現することができるだろう。

メルビン・パワーズ（ウィルシャー・ブックカンパニー発行人）

# さあ、本当に豊かな人生を手に入れよう

驚くべき事実を紹介しよう。現在、全米の約1割の世帯が100万ドルかそれ以上の資産を保有し、100万人近い億万長者が存在する（編集部注：数字はすべて原書刊行当時のものです）。

だがその一方で、富裕層に属さない無数の人々はこんなふうに感じている。

「お金をたくさん手に入れて裕福な生活を楽しむには、何をしなければならないのだろうか？　より大きな幸せと繁栄と満足を手に入れるには、どうすればいいのだろうか？」

**本書の重要な目的は、年齢や性別、学歴、職業、家庭環境、健康状態に関係なく、望んでいる境遇に達するのを手伝うことだ。**

次の事実を考えてみよう。

現在、億万長者になっている人たちの8割は、過去20年間で成功を収めた。彼らはお金以外の分野でも豊かだ。経済的に成功している人たちのほとんどは、仕事に励み、家族を大切にし、周囲から尊敬されている。

では、成功者たちはどうやって裕福になったのか？　彼らはたいてい自分の仕事を通じて経済的成功を勝ち取っている。また、全体の約2割の人々がさまざまな人脈を生かして億万長者になっている。

**資産はまず人間の脳の中でつくられる。**脳は究極のコンピューターであり、あなたはそのプログラマーとして適切な仕事の機会を選び、適切な投資をし、適切な伴侶を選ぶように脳に指示を出すことができる。また、他人との付き合い方を改善し、影響力を正しく行使し、資産を築けるように自分の脳を設定することもできる。

一方、不幸な人は自分の脳に「私を不幸で平凡で退屈な人間にしてくれ」という指示を出している。

すべてうまくいっている人たちは、よくこんなことを言う。

「ずっと前から、いつか仕事で成功すると確信していた」

「絶対にあきらめずにやり抜こうと決めていた」

「いったん誓った以上、最後まで頑張ろうという気持ちを持ち続けた」

これらの言葉は、脳の中で勝利が設定されていたことを示している。


一方、ほかの人たちはこんな言葉をよく口にする。

「仕事では成功しないと思っていた」

「始める前から不安で、きっとダメだと思っていた」

「いつも失敗ばかりしているのが、今回の経験で身にしみてよくわかった」

これらの言葉は、自分の脳を失敗に向けて設定している人たちの気持ちを如実に表現している。


**あなたはなりたい自分になり、進みたい方向に進み、大きな目標を達成し、どのような階段でものぼっていく力を持っている。**

**脳を前向きに設定することによって、素晴らしい人生を切り開くことができるのだ。**

単純化しすぎているように見えるかもしれないが、私はそれを望んでいる。成功法則は単純だからだ。

実際、それはあまりにも単純でありふれたものなので、複雑で難解な成功法則を予想している大多数の人は、資産を築いてよい人生を送る方法を見落としている。

**「80対20の法則」**をご存じだろうか？　**価値のあるあらゆるものの80%かそれ以上は、全体の20%かそれ以下の人々によって所有、達成、創造されているという法則だ。**

これは人生のあらゆる側面にあてはまる。

20人の知人との10年後の再会を想像してみよう。

彼らの総資産が１００個のリンゴだとすると、その内訳は次のようになる。平凡な16人がわずか20個のリンゴを、４人の成功者が残りの80個を分かち合う。つまり１人の成功者が20個のリンゴを所有するのに対し、平凡な人はせいぜい１個か２個のリンゴしか所有できない、ということだ。

140年前、J・G・ホイッティアーという詩人がこんな意味深な言葉を残している。

**すべての悲しい言葉の中で、**
**最も悲しいのは「もしやっていたら、できたかもしれない」である。**

「もしやっていたら、できたかもしれない」という思いに苦しめられる必要はない。本書は、成功を収めて楽しく豊かな人生を送る方法を示すために書かれている。よく読んで研究し実践すれば、先ほどの悲しい言葉を次のように改めることができるだろう。

**すべての幸せな言葉の中で、**
**最も幸せなのは「やってみたら、できた」である。**

デイビッド・J・シュワルツ

# すべてうまくいく人はこう考える　目次

## 第2章

# 口笛を吹きながら仕事をしよう

## 第3章 大きく考えて、小さく行動しよう

## 第4章 嫌なことほど、やってみればすぐ終わる

## 第5章 すべてうまくいっている人は、気前がいい

## 第6章 魔法の言葉で、仲間を増やそう



## 第7章 赤ちゃんの熱意を見習おう

第8章

# 目標達成のために相手の利己心に訴えかける

## 第9章 成功につながるリーダーシップ

## 第10章 資産形成に挑戦することは、とてもワクワクするゲームだ

※本書は、2002年に刊行された『大金持ちになる人の考え方』（ダイヤモンド社刊）を新たに翻訳・編集したものです。

# 第1章

# 素晴らしい人生は、大きな夢から始まる

Idea 1

# 大きな夢を持って行動した人が成功する。

素晴らしい人生は、常に大きな夢から始まる。

大きな夢は、脳の中で具体的な未来図として描くことができる。たとえば、念願のマイホーム、理想の家族、高収入、休暇、資産などだ。

私たちはどのような夢を持つかによって、人生を天国にも地獄にもする力を持っている。**人生を天国と見る人たちは勝者となり、人生を地獄と見る人たちは敗者となる。**

一部の人たちは、運や偶然が自分の運命を決定すると信じている。資産や成功、よい人生が手に入るかどうかは、サイコロやルーレット、宝くじのようなものだと思っているのである。

だが、そんなものは夢でもなんでもない。なんと愚かなことか！

宝くじで１００万ドルが当たる確率は、数百万分の１でしかない。わずか数ドルの投資で資産を築けると信じている人にとって、宝くじはさぞ魅力的だろう。どのような種類のギャンブルであれ、主なターゲットとなるのは、偶然や幸運によって財産を築けると思い込んでいる人たちだ。

願うことと夢を持つことは違う。

**願うことは受動的であり、頭も使わず努力もしない怠惰な気晴らしにすぎない。一方、夢を持つことは能動的であり、確かな行動計画に裏打ちされている。**

たとえば、ジャックは組織の中で昇進することを「願っている」。だが、すすんで仕事をするわけではなく、困っている同僚を助けようとせず、いいアイデアを提供することもない。資産を築きたいという彼の願いはかなえられるだろうか？　そんなことは、まずありえない。

メアリーは勤務先の経理事務所の共同経営者になれることを「願っている」。だが、週末の遊びを優先している。いつもパーティーや旅行、娯楽で貴重な時間を浪費している。彼女の願望はいつまでたっても願望のままだ。

おわかりだろうか？　願うことは誰にでもできる。

**だが、夢を持つ人たちは、ほしいものを手に入れるために行動を起こす。**

Idea 2

# 勝者は大きな夢を持って積極的に行動する。敗者は不平と皮肉を言うばかりで行動しない。

人間は2種類に大別できる。勝者と敗者だ。

**勝者は夢をかなえるために努力する。**敗者は「社会が悪い」と文句を言い、運や運命が将来を決定すると信じ、主体的に行動せずに世の中の批判ばかりする。

敗者は皮肉屋だ。「彼女が昇進したのは上司に媚《こ》びたからだ」「彼が大口の注文を取ってきたのは相手を裏金で買収したからだ」と嫌味を言う。

**勝者は善意にあふれている。**「彼が成功したので私はとても嬉しい。彼は一生懸命に働いたのだから報酬を手にする権利がある」「彼女が昇進したのは、仕事に全力を尽くした見返りだ」と祝福する。

敗者は悲観的な物の見方をする。「世の中は不景気だ。財政がここまでひどいと、史上最悪の恐慌は避けられない。わざわざ将来に投資してどんな意味があるのか」と考える。

**勝者は大きな夢を持つ。**彼らはこう考える。「現在の景気がよくても悪くても関係ない。私は自分の明るい未来のために投資する。国家の経済状態はどうにもならないが、自分の経済状態ならなんとかなる」

敗者は利己的だ。彼らはこんなふうにしか考えられない。「それは私の仕事ではない。なぜ他人を助けなければならないのか」「誰も私のために何もしてくれなかったから、私だって他人のために何もしない」

**勝者は心が広い。**彼らはこう考える。「他人の資産形成を手伝えば、私にもその見返りとしてお金が入ってくる」「他人に対する善行は常に報われる」

敗者は何もせずに何かを求める。たとえばこんな調子だ。「大企業で働いているのだから、もっと給料をもらってもいいはずだ」「勤続10年になるのだから、そろそろ昇給の時期だ」「病気ではないが、3日間ほど病気休暇をとろう。それは当然の権利だ」

Idea 3

# 悲観主義者は人生を砂漠とみなして何もせず、楽観主義者は人生を農地とみなして懸命に耕す。

他人の成果を「あいつは運がいい」「生まれつき才能に恵まれている」「コネをうまく利用した」と言って片づけるのはたやすい。

だが、成功や財産、幸せは運によるものではない。

**すべての業績は、勇気ある人たちが大きな夢を持ったことに由来する。**大きな建築物、農業設備、娯楽施設、教育施設などはすべて、創造的な人々のアイデアと夢から発展したものだ。

人生を「庭」だと考えよう。

かつてカリフォルニアの大峡谷は砂漠だった。だが、この巨大な不毛地帯を、夢を持っている人たちは灌漑《かんがい》によって食糧を生産できる肥沃《ひよく》な農地と見たのだ。この土地を買った人たちは、自分たちの夢を現実にするために行動を起こして裕福になったのである。

夢を実現するのは庭をつくるのと似ている。それには6つのステップが必要だ。

**1** 夢の種を選ぶ
**2** 自分の脳がその種を受け入れる準備をする
**3** 夢の種をまく
**4** 夢を育てる
**5** エネルギーを集中し、「何があってもやり遂げる」という姿勢を貫く
**6** 時間を有効に使う

Idea 4

# もし自分の夢が実現したら、どんなに人が幸せになるか想像しよう。

まず、夢の種を選ぼう。

種は常にそれ自身の種類に成長する。小麦の種は常に小麦に育ち、トウモロコシには絶対にならない。レモンの種は常にレモンに育ち、桃の木には絶対にならない。

夢の種もそれ自身の種類に成長する。

どんな夢の種をまくかを決定する際のふたつの重要な問いかけは、**「自分は何を成し遂げたいか？」**と**「この夢は何を生み出すか？」**である。

「生み出すもの」(＝利益)とは、他人に奉仕したことに対する見返りのことだ。

ビジネスの世界にとっての利益とは、よい製品とサービスを適正な価格で提供して稼ぐ金額を意味する。

ビジネス以外の世界を見てみよう。学校や市民団体にとっての利益とは、よりよい学習と生活ができるように手伝いをした人々の数である。教会にとっての利益とは、助けられた人たちの数かもしれない。慈善事業にとっての利益とは、貧しい人々に提供した食事の数かもしれない。同業組合にとっての利益とは、組合員に対する奉仕かもしれない。要するに、利益とは私たちが施す善行を意味する。

**夢を選ぶときは、「夢を実現することで他人にどれだけ満足感を与えられるか？」と自問しよう。**

このとき、お金のことは気にしてはいけない。お金とは、①人間の活動を活性化し方向づけるために使う道具であり、②勘定のための手段にすぎない。

お金は学校や病院を建設し、政府を機能させる一方で、犯罪に加担し、信頼されている地位にある人たちに賄賂《わいろ》を贈り、政府や教育、教会の一部の人たちを腐敗させる。

もし店頭で販売員に「幸せで裕福にしてくれる夢の種を売ってください」と言えるなら、成功とは単純明快だろう。だが、現実はそんなわけにいかない。夢の種はどこにも売っていないからだ。友人や両親、先生は目標を示してくれるかもしれないが、**「どの夢が自分にとって一番いいか？」という問いに答えられるのは、自分自身しかいない。**

Idea 5

# ワクワクすることを見つけよう。情熱を持てば、夢は現実に近づく。

私はよく、「どんな仕事をすれば、お金をもっとたくさん稼げますか？」という質問を受ける。だが、それはある意味で、晴れた日に「太陽の光はどこですか？」とか、航海に出た船の上で「水はどこにありますか？」と聞くようなものだ。

**「お金はどこにあるのか？」という問いに、私は「いたるところにある」と答える。どの仕事も大きな潜在力を秘めているからだ。**ほとんどの音楽家はわずかなお金しか稼がないが、数百万ドルもの年収を稼ぐ音楽家も少数とはいえ存在する。ほとんどの牧師はそんなに多くのお金をもらっていないが、高収入を得ている牧師もいる。多くの零細企業の経営者は低所得者だが、成功して高所得者になる人もいる。

**要するに、人を繁栄に導くのは職種ではなく、その人自身なのだ。**

最高の夢の種とは、あなたの理想の人生を実現するものだ。どうしてもやりたいことが、あなたにとって夢の種である。

種をまく前に土を耕しておけば、種はよく育つ。脳と夢の関係は土と植物の関係と同じである。脳が夢の種を受け入れる準備ができていればいるほど、夢は確実に根をおろす。

夢に強い根を与えるために、夢の旅のパンフレットを作成するといい。

友人からモスクワへ一緒に旅行しようと誘われたとしよう。だが、あなたは興味がわかず、行きたくない。それでも友人はモスクワの歴史や文化、習慣、娯楽、社会事情を説明するだろう。あなたはそれを聞いているうちにワクワクして、旅行の準備をするはずである。

何かについて知れば知るほど、好奇心がわいてくるものだ。私たちの脳もそれと同じように夢を受け入れる。**夢について持っているイメージが明確になればなるほど、それに対して情熱を感じるようになる。**

脳が夢を受け入れる準備をするには、肉眼ではっきりと夢を見ることだ。たとえば、豪邸を建てることを夢見ているなら、近所を訪れて豪邸を見よう。新しい職業や事業を夢見ているなら、それについてできるだけたくさんの本を読んだり、その業界の人と話をしたりしよう。最初は全体像、次に詳細という順で計画を紙に書いてみるといい。

Idea 6

# 今、夢に向かって行動を起こそう。あとで大きな後悔をしないために。

トマトの種について考えてみよう。その1粒は10キロのトマトを実らせることができる。小さな1粒が何万倍もの重さの実を実らせるのだ。しかし、それだけの潜在力を秘めた種ですら、まかなければトマトは実らない。

夢の実現についても同じことが言える。お金を儲ける、事業を起こす、社会問題を解決する、人生を向上させるといった目的を果たすためには、素晴らしいアイデアを持っているだけではダメだ。それを実行しなければ、なんの役にも立たない。

マクドナルドやフォード・モーター、コカ・コーラなどの大企業はすべて、もとは単なるアイデアにすぎなかったものが創業者の脳にまかれて実った結果である。

**資産とは、アイデアが実行に移された結果なのだ。**
**アイデアは、実行して初めて成果が得られる。**

実際、誰の周囲にも、「すればよかったのに、しなかった」という後悔に悩まされている人がいるものだ。

たとえば投資の話をするとき、多くの人は「あの株を買っておいたらよかった」とか「あの株に投資しようと思ったのだが、しなかったので残念だ」という言い方をよくする。あるいは、事業を起こすことについて話をする際、「あのとき事業を起こしていればよかったのだが、問題を抱えていた」とか「振り返ってみると、あのときのチャンスを逃した自分に腹が立つ」などと言うものだ。

さらに、職業の選択について語る際、「事業を起こしたかったのだが、道筋が見えなかった」とか「コンピューター業界に進みたかったのだが、単なる流行だと思った」などと言って、自分が絶好の機会を生かさなかった言い訳をする人が後を絶たない。

**彼らは思いついた素晴らしいアイデアを実行せずに漫然と過ごし、後悔という大きな代償を払っているのだ。**

Idea 7

# 完璧なタイミングを待ってはいけない。少しずつでいいから、今すぐに始めよう。

では、夢を実行に移すふたつのポイントを紹介しよう。

ひとつは、**行動を起こすこと。今、始めること。**

今朝、車の販売店の店長から電話をもらい、最高の1年を祝うために営業スタッフに講演をおこなってほしいという依頼を受けた。彼は私にこう言った。

「8年前、私は警察官でした。仕事はよかったのですが、低賃金と不快な労働環境にうんざりしていました。ある週末、『大きく考えることの魔術』（実務教育出版）というご著書を読んで、第10章に出てくる〝行動する習慣を身につけなさい〟という箇所に目がとまりました。早速、月曜の朝、辞任する旨を署長に伝えました。人生を楽しむには、今、始めなければならないと決意し、それを実行に移したのです。そしてわずか8年後、経済的成功を収めることができました」

学校に行って学位を取得したいなら、今、行動を起こそう。仕事がうまくいっていないと感じるなら、今、上司と相談をしよう。借金がかさんでいるなら、今、財務管理を徹底することから始めよう。

そしてもうひとつは、**夢の種をまく完璧な状況を待ってはいけない**ということだ。

私は農家で生まれたので、種をまく状況が完璧だというのは絶対にないことを幼いころに学んだ。種をまくには、いつも土が少し湿りすぎていたり、少し乾きすぎていたりしていた。あるいは時期が少し早すぎたり、少し遅すぎたりしていた。ある春のこと、父がこんなことを言ったのを覚えている。「こんなに遅く種まきをしたのは初めてだ。この調子だと収穫はあまり多くないかもしれない。しかし、今、種をまかないと収穫がゼロになる」

「～したら、～するつもりだ」という考え方には要注意だ。たとえば「景気がよくなったら、夢の実現に向けて行動を起こすつもりだ」というのがそうだ。

**少しずつでもいいから今すぐ始めれば、長い目で見ると必ず状況が進んでいる。**このことを肝に銘じよう。

Idea 8

# 成功者は他人の成功を後押しし、失敗者は成功した人を裏切り者と呼ぶ。

トマトの種について、もう少し考えてみよう。それは素晴らしい種で、土は十分に耕されている。あなたはその種をまいた。だが、味のよいトマトを育てて稼ぐには、種に栄養を与える必要がある。日光にあて、水と肥料を与えなければならないのだ。

あなたの夢の種も、大きく育って繁栄するために想像力や励まし、アイデアといった「栄養」を必要としている。

では、あなたの夢の種に栄養を与えるにはどうすればいいか。

人間関係には昔から一定の法則がある。「**類は友を呼ぶ**」というのがそうだ。だからもっと収入をアップして資産を増やしたいなら、高額所得者たちと交わることだ。**あなたは日々交わっている人たちのようになる。**もし友人が「どうせなるようにしかならない」という考え方の持ち主なら、やがてあなたもそういう考え方になる。あなたの夢は破れ、ビジョンは萎縮し、やがて魂の死が訪れる。

これを実際に試すテストを紹介しよう。あなたが平均的な人たちに「5年以内に年収20万ドルをめざす」と宣言したとしよう。彼らはあなたを愚か者扱いし、周りの人にも「そんな高収入を得られると考えるなんて、あいつはどうかしている」と言いふらすに違いない。だが、実際に年収20万ドルを稼いでいる人たちにあなたの計画を話したら、「それは素晴らしい。何か手伝えることはあるか？」と言ってくれるだろう。

もうひとつ心に留めておくべきことがある。それは、**成功していない人は、あなたにも成功してほしくないと思っているということだ。**もしあなたが成功し、お金をたくさん稼ぎ、よい生活を送るようになると、彼らは気分が悪くなり、あなたを「裏切り者」とみなす。その反対に、あなたが失敗すれば、彼らは気分がよくなる。

成功者は、あなたにも成功してほしいと思っている。彼らは、多くの素晴らしいものを分かち合えることを知っているのだ。

**夢を育てるときは、ポジティブな人たちと交わることを心がけよう。**

彼らはあなたが成果をあげ、勝利を収め、よい生活を送り、本当の満足を発見し、世の中に貢献することを願っている。

Idea 9

# 夢を枯らす「雑草」と「害虫」に気をつけよう。足を引っ張る友人と不景気なニュース。

トマトの話に戻そう。

周りに雑草が生えて、それらが日光と水と肥料を奪っているなら、あまりいいトマトは実らないし、害虫が食い荒らしてしまうこともある。

経済的自由を手に入れようというあなたの夢も、「雑草」と「害虫」を引き寄せる。ネガティブな友人が「どうせうまくいかないに決まっている」「時間の無駄だ」と言ってくるからだ。お金を借りに来たり、「楽をして儲ける方法がある」と誘惑したりするかもしれない。

**今すぐ、自分がふだん付き合っている人たちを検証してみよう。**

何かにつけてネガティブなことを言って、あなたの夢が破れるのを見たがっている人たちと付き合うのは、やめにしたほうが身のためだ。

**雑草と害虫はメディアからも数多く押し寄せる。**

景気に関するネガティブなニュースがじゅうたん爆撃のように襲いかかることを覚悟しておくといい。

Idea 10

# 成功は「必ずする」という決意から始まる。逃げ腰では何も成し遂げられない。

アメリカンフットボールの名将ヴィンス・ロンバルディは、「**徹底的に鍛えられた意志を阻止することは絶対に不可能だ**」という言葉で知られている。彼の勝利記録は、「**意志あるところに道がある**」という格言を実証している。

勝利をもたらすには、「何かがほしい」ではなく「ほしいものを必ず手に入れる」と考えるべきだ。

「必ずする」という決意は、人間にできる最強の思い入れだ。

「**必ずする**」**と思うとき、脳はふたつの驚異的なことをする。夢を実現する方法を示すことと、そのために必要なエネルギーを供給することだ。**

脳の力は、「必ずする」という決意からわき上がる。**夢を脳に焼きつければ焼きつけるほど、あなたは夢の実現を確信するようになる。**

「ほしい家を必ず買う」と決意すれば、やがて資金源が現れる。「ビジネスの企画を必ず実現する」と決意すれば、そのやり方が思い浮かぶ。「必ず昇進する」と決意すれば、すべきことがはっきりわかる。

「必ずする」と決意すれば、きっとあらゆることが、思いのままになるだろう。

誰でも「やってみる」という思いと「必ずする」という思いの両方を持っている。

「やってみる」というのは、「一応、行動してみるが、どうせ失敗するかもしれない」という意味だ。こういう姿勢の人は、言い逃れや言い訳を無意識に考えている。

「一応、ジョンソン氏に会ってみますが、商談をまとめるのは無理でしょう」と上司に言う営業スタッフは、商談をまとめるつもりはない。しかし、「ジョンソン氏に会いに行きます。商談をまとめるために、必ずなんとかします」と言う営業スタッフは、ジョンソン氏に会って商談をまとめることができる。

Idea 11

# 意志薄弱では何も成し遂げられない。絶対に勝つと決意している人だけが夢を実現する。

二人のテニスプレーヤーが決勝で戦っている様子を思い浮かべよう。どちらも百戦錬磨の試合巧者である。

さて、どちらが勝つか?

**勝つことをより強く決意している選手だ。**

コロンブスは新大陸に到達した。なぜか?

当時、同じレベルの航海技術を持つ船長は少なくとも100人はいたし、その中の多くは西に航海することについて話していたが、コロンブスはその近道を必ず見つけると決意していた。彼は10年以上にわたり、海を横断する夢の実現にエネルギーを集中した。そして、世界に先駆けて、その夢をついに実現した。

チャールズ・リンドバーグは、飛行機に乗って大西洋を単独で横断しようと考えた最初のパイロットではなかった。しかし、彼の夢は彼の飛行機よりもはるかにすぐれていた。彼はその強い決意を実行したことによって世界中で称賛された。

フォン・ブラウンはロケット工学の技術者として最も賢く、最も高い学歴を持っていたわけではなかった。しかし、彼は最も専念し、最も意欲的で、最も強い決意を持っていた。そしてアポロ計画で中心的な役割を果たした。

アメリカの旗が月面に立つことになったのは、彼の夢がほかの技術者たちと世界中の人々の想像力をとらえたからだ。

Idea 12

# 平凡な能力しかなくてもかまわない。好きなことに集中すれば成功する。

30代のテッドとジョンの二人について考えてみよう。

従来の測定方法によると、テッドのＩＱは上位１％に入る。彼は高い教育を受け、博士号を持っている。ハンサムで、健康で、幸せな結婚生活を送り、素晴らしい一人娘の父親だ。テッドの関心は物理学から野球、国際政治にいたるまで幅広い。

驚異的な成功者のプロフィールだと思うだろう。それが違うのだ。テッドは電気技師として6年間で４つの職場を転々としている。成功していないのだ。解雇の理由はどれも同じで、「いろいろな企画に手を出しすぎて、ひとつも仕上げない」「最後までやり遂げない」「好人物だが、しっかり仕事をしない」というものだ。

問題は何か？　テッドはエネルギーを集中して使っていないのだ。彼の脳はあっちに行ったり、こっちに行ったりで、ひとつのことに的を絞れていない。

一方、ジョンは表面的にはテッドよりも劣っているように見える。ジョンは普通の知能で、学位を持っておらず、新聞や本をほとんど読んでいない。

ジョンは平凡な男のようだが、実はそうではない。彼は幸せな家庭生活を送っている。遊覧船を卸売り業者に販売する事業を営み、毎年の純利益は25万ドル以上にのぼる。

ジョンの成功の秘訣は何か？　彼は船が大好きなのだ。どのようにつくるか、どんな用途があるか、どのように使えばいいかを熟知し、誰もが少なくとも1隻の船を所有すべきだと信じている。自宅のどの部屋にも、船への愛情を示す家具や絵、ランプが置かれているほどの熱の入れようだ。

テッドとジョンの根本的な違いは何か？　テッドがエネルギーを浪費しているのに対し、ジョンは好きなことにエネルギーを集中しているということだ。たとえて言うなら、テッドが空気銃を使って遠くにある多くの標的を狙っているのに対して、ジョンはライフル銃にエネルギーを集中し、近くにあるひとつの標的を狙っているようなものだ。

**夢を実現するには、的を絞り、準備を整え、「必ずする」という決意でエネルギーを集中し、ひたすら事に当たるという姿勢が不可欠だ。**

Idea 13

# 「時間の魔法」に気づいた人は、キャリアの迷いから解放される。

友人の娘である20歳のレイチェルについて話をしよう。

彼女は悩みを抱え、私に相談してきた。

「私は医者になりたいのです。テストの成績からすると、国内のトップ5の医学部に入れると思います」

「それなら、なんの問題もないと思うが」と私は答えた。

「わかっています」とレイチェルは言った。

「でも、医者になるには、10年間は無収入で猛勉強しなければなりません。これからの10年は私の人生で最高の時期です。旅行にも行きたいし、いろいろな人にも会いたいと思っています。私はほかの若者たちがしているようなことをしたいのです。どうしたらいいでしょうか?」

「そうだね」と私は言った。

「仕事は君の人生の中のとても大事な部分だ。ほかのどんな職業よりも君が医者になりたいのなら、医者になることを選べばいい。10年というと長いように思えるが、楽しい経験になるだろうね。その後、医業を営む期間は40年ほど残っているよ」

すべての人が夢を実現するために直面する試練は、「**あとになってより高い報酬を得るために、今、時間と才能を投資するか**」あるいは、ほとんどの人と同じように「**今がよければそれでいいという時間の使い方をするか**」というものだ。

Idea 14

# 「時間の魔法」に気づいた人は、お金の悩みから解放される。

「大金を稼ぐには大金が必要だ」という格言をしばしば耳にしたことがあるだろう。「富める者はさらに豊かに、貧しい者はさらに貧しくなる」という格言もある。

**しかし、投資をするときはお金の量よりも時間のほうがはるかに大切なのだ。**

ジェーンとジルはともに25歳。どちらも一括で千ドルの投資をし、年利18パーセントで配当金を受け取る。12カ月ごとにジェーンは180ドルの配当金を受け取り、ほしいものを買うことに決めている。一方、ジルは千ドルの投資に180ドルを付け加えることを選んだ。

一年が経過した時点でジェーンは千ドルの資金はそのままで、180ドル相当の品物を

| 年数（年） | 二人の年齢（歳） | ジェーンのお金（ドル） | ジルのお金（ドル） |
|---|---|---|---|
| 4 | 29 | 1,000 | 2,000 |
| 8 | 33 | 1,000 | 4,000 |
| 12 | 37 | 1,000 | 8,000 |
| 16 | 41 | 1,000 | 16,000 |
| 20 | 45 | 1,000 | 32,000 |
| 24 | 49 | 1,000 | 64,000 |
| 28 | 53 | 1,000 | 128,000 |
| 32 | 57 | 1,000 | 256,000 |
| 36 | 61 | 1,000 | 512,000 |
| 40 | 65 | 1,000 | 1,024,000 |

所有する。ジルは千ドルに１８０ドルを追加投資するから合計１千１８０ドルを再投資したことになる。

もしジェーンが毎年の利息を使いつづけ、ジルが利息を再投資しつづけるなら、利率がずっと18パーセントのままとして、二人のお金はこの先、上の表のようになる。

40年後、ジェーンとジルはともに65歳だが、ジェーンは元本の千ドルはそのままで、彼女自身がそれぞれ１０８ドルで買った40個の品物（7千2百ドル相当）を所有している。一方ジルは、百万ドル以上も所有することになる。

複利法の奇跡によってジルの投資は千倍に増えたのだ。

# Idea 15

# 一度に少しずつ努力を積み重ねよう。やがて大きな成果となって報われる。

**成功、資産、幸福は、急にではなく、常に段階的に達成される。**ほしいものが何であれ、一度に少しずつ進めばそれが手に入る。

具体例を紹介しよう。

- 子どもに大学教育を受けさせる夢は、月々50ドルの投資で実現できる。
- 引き締まった魅力的な身体は、日常的に運動をすることで実現できる。脂肪は一度にせいぜい500グラム程度しか落とせない。
- フットボールのチームは、厳しい試合を次々に経験して決勝戦に勝つ。
- 野球選手は、ヒットを1本ずつ積み重ねて大打者になる。ヒットを打つことに専念した結果、新記録の樹立という大きな夢が実現する。

■ どのシーンにも全神経を集中する役者は名優になる。

■ 経営者は、一回ずつ昇進を積み重ねて企業のトップになる。一回の飛躍によってではない。

「千里の道も一歩から」ということわざを思い出してほしい。

**莫大な資産は、わずか数ドルから始まる。**

**幸せな人生は、毎日一歩ずつ築かれる。**

# 第2章

# 口笛を吹きながら仕事をしよう

Idea 16

# 「仕事の牢獄」にしがみつく5つの言い訳とは?

約20年前、私はある大学の学長の退官記念パーティーに参加した。この素晴らしい紳士は短い謝辞の中で、成功者としての人生を歩むための知恵を次のように語った。

「幸せにいたる道はふたつしかありません。ひとつは愛、もうひとつは仕事です。そこで、人生で本当の満足を得るには、ふたつのことをしなければなりません。まず、あらゆる人間関係で愛を実践することです。次に、自分が楽しんでできる仕事を見つけ、それに自分のエネルギーを100%注ぐことです。すべての人を愛し、働くことを楽しんでください。そうすれば、みなさんの幸せと繁栄は保証されます」

私は自分の仕事に不満を持っている多くの人と話したことがある。「そんなに不満を感じるなら、ほかの仕事に就いたらどうですか？」と言うと、彼らは自分がつくった「仕事の牢獄」にいることの言い訳（彼らはそれを「理由」と呼ぶ）を数多く並べる。人々が自分の嫌いな仕事にしがみつくために使う鎖をいくつか紹介しよう。

## 仕事の鎖　その1
## 「変化を起こすには年をとりすぎている（あるいは、若すぎる）」

多くの人は仕事の牢獄で週40時間も過ごしている。そこから脱出しようとしないのは、したいことをするには年をとりすぎている（あるいは、若すぎる）と思っているからだ。しかし、そう思い込んでいる人は、次の事実を思い起こすべきだ。

- 自動車大手フォード・モーターの創業者としてアメリカで初めて億万長者となったヘンリー・フォードは、40代になるまで平凡な機械工だった。
- 今や世界中で人気のハンバーガー・チェーン、マクドナルドを創業したレイ・クロックは、50代になるまでセールスパーソンとして働き、人並みの給料しかもらっていなかった。

■カーネル・サンダースがケンタッキー・フライドチキンを創業したのは、60代になってからだった。

■ロナルド・レーガンがアメリカの大統領に就任したのは、70歳のときだった。

それとは対照的に、アップル社とキャベツ・パッチドール社の創業者がそれぞれ新規事業を立ち上げたのは、20代半ばのときだった。

創業したり転職したりするのに最適の年齢とは何歳だろうか？　あなたの現在の年齢だ。**成功者は職業上の決断をくだすときに年齢を気にかけない。**

## 仕事の鎖　その2

## 「今の仕事は給料がいいので、収入が減るのは困ります」

先月、私はアトランタにある素晴らしいレストランで昼食をとった。ホールスタッフは私の名前を知っていた。彼は「先生の教え子です」と前置きし、「先生は覚えていらっしゃらないかもしれませんが、4年前に先生の授業を受け、2年前に金融理論で経営学の博士号を取得しました」と言った。

私が昼食を済ませると、彼は話をしたがっている様子だった。「経営学の博士号を持っているのにホールスタッフとして働いているのはなぜだろう、と先生は思っておられることでしょう。説明します。私が示してもらった最高の提示額は、年収2万2千5百ドルでした。でも、ここでは年に約3万ドルもらっています。私はてきぱきと働きますし、チップも結構もらえるんです。将来、経営学の博士号を持っている人物に対する需要が伸びて給料が上がれば、学んだことを生かせる仕事に就こうと思っています」

「なるほどね」と私は答えた。「君がここにいるので驚いた。断っておくが、私はホールスタッフという仕事を軽んじて言っているのではない」

そこで私は、自分がホールスタッフだけでなくトラック運転手やホテルスタッフ、農民、訪問販売員を経験してきたことを話した。そして、すべての仕事は重要であり、尊敬されるべきだという点を明確にした。

そのうえで、私は彼に言った。

「もしレストランの仕事が好きなら、今の仕事を続けるといい。どの仕事にも価値があるからね。しかし、その仕事に将来性を見出せなくなったなら、たとえ収入がダウンしても金融の分野に進みなさい」

さらに、私は彼に強調した。

**「長い目で見ると、人間は、自分にとって刺激的な仕事をすることによって最も多くのお金を稼ぐものだ。多くの人は、初任給だけに気をとられて潜在的収入を考慮しないという間違いを犯している」**

2週間後、彼から電話があった。

「結局、金融の分野に進むことにしました。自分が本当にしたい仕事は金融業ですから」

## 仕事の鎖　その3
## 「家族（パートナーや親）が私に期待を寄せているのです」

仕事に就きたくてもパートナーが反対するので働かないことを選んでいる人は、あなたの周りにもいるはずだ。また、転職や起業といったキャリアアップに挑戦したいが、パートナーがノーと言うのであきらめている人も、あなたの周りにいるにちがいない。自分がしたいからではなく、親からプレッシャーをかけられているので、その仕事に就こうとしている子どももいる。

夫婦は共通の経済的目標に向かって力を合わせるのが理想だ。アメリカが農業国だったころ、夫婦関係は一番うまくいっていた。なぜか？　同じ経済的目標を追求していたからであり、お互いに依存することで夫婦が精神的に団結できたからだ。

現代の多くの家族は、経済的な相互依存がもたらす恩恵――共通の目標を達成するために一緒に働くことで得られる喜び――を享受していない。しかし、夫婦によっては小売店やレストラン、保育所、法律事務所、診療所などで一緒に働き幸せを分かち合っている。

多くの親は自分と同じ道を子どもにも歩ませたいと思っている。とくに医者や弁護士などの専門職と、家族で営んでいる事業の場合はその傾向が強い。

しかし、**子どもがその仕事に興味を持っていないかぎり、親が好きでやってきた仕事を子どもにもさせようとするのは間違いである。**

私が約15年前に受け持った二人の学生の話をしよう。どちらも葬儀屋の息子だった。息子が跡継ぎになるのが、この業界の長年の伝統である。たまたま、どちらの息子も葬儀屋を継いだ。一方は葬儀屋の仕事が気に入り、事業は繁栄した。ところが、もう一方は家族からの強いプレッシャーがもとで父親の事業を引き継いだにすぎなかった。数年後、彼の事業は失敗し、かなり安値で売却する羽目になった。

## 仕事の鎖　その4
## 「この分野には人材があり余っている」

次の文が脳裏に焼きつくように何度も繰り返して読んでほしい。

**成功したいという熱烈な欲求を持っている人材があり余っている職業はひとつもないし、今後も絶対にない。**

弁護士の業界を考えてみよう。この10年間、法曹界の仕事に対して適正な能力と姿勢を持っている素晴らしい若者たちが、「弁護士になるのはやめたほうがいい。年間、7千人の弁護士が廃業している。弁護士になっても食っていけないぞ」と忠告されてきた。

量的な面では、弁護士の業界に人が多すぎるのは事実だ。しかし、裁判官や法学者の話を聞けば、質的にはかなりの人材不足であることがわかるはずだ。

問題は、間違った理由で弁護士になっている人が数多くいる、ということだ。たとえば、「お金が儲かる」「政界に進出するのに打ってつけだ」「法律に無知な大衆を利用できる」というのがそうだ。

一方、正しい理由で弁護士をしている人には多くの仕事が舞い込む。たとえば、「この仕事に生きがいを感じる」「社会が複雑になるにつれ、有能な弁護士がますます必要になっている」「法曹界の仕事は立派な業務だ」というのがそうだ。

「この分野には人材があり余っている」というアドバイスは、大学教師や医者、役者、ジャーナリストになろうと考えている人たちに与えられることが多い。しかし実際には、その職業に真摯な姿勢で臨み、立派に役目を果たそうという気持ちで取り組んでいる人が不足しているのが現状で、人材があり余っている分野はひとつもない。

ほかのすべての予想屋と同じように、職業の予想をする人もよく間違うということを心に留めておく必要がある。たとえば、政府が国防の重要性を強調すると、予想屋たちは急に「これからはエンジニアの時代だ」と言う。しかし、国防費が削減されると、彼らは手のひらを返したように「エンジニアになっても見込みがない」などと言う。

就職の機会は流動的でいつも変化している。第二次世界大戦が終わったとき、コンピューターの莫大な需要を誰も予想していなかった。近年、巨大な雇用を創出しているテレビや道路建設、住宅、飛行機、ホテルなども、かつては零細産業だった。

**賢明な職業選択には、燃えるような熱意を持って取り組める分野を選ぶことが重要だ。**

## 仕事の鎖　その5
## 「そんな仕事には将来性がない」

全国どこを見ても、ファストフード・レストランやスーパーマーケット、コンビニエンスストアなどのあらゆる種類の小売業とサービス業の店頭に「アルバイト募集」という貼り紙がしてある。さらに、新聞の求人情報欄にも、ありとあらゆる業界が働き手を募集している。就職市場では需要が供給を大幅に上回っている。

ところが、アメリカでは常時、７００万人から１千万人が失業中だ。これはいったいどういうわけだろうか？

ひとつの理由は、過剰な失業手当だ。しかし主な理由は、多くの人が「どの就職口も将来性がない」とか「自分にはもっといい仕事がふさわしい」と思っていることだ（ある大学の卒業生が「私はマクドナルドでハンバーガーを売るために大学に行ったのではない」と言った）。

多くの人はチャンスにまったく気づかず、「この仕事には将来性がない」と早合点してしまっている。しかし実際には、**自由社会では将来性のない仕事などは存在しない。**存在するのは、チャンスに気づかない将来性のない人たちだけだ。

具体的に説明しよう。

わが家を含めて1万5千世帯のゴミを集めている会社の経営者は、18歳のときに見習いとして働き始めた。それから12年たった今、彼は億万長者になっている。ほかの人たちが臭くて汚い最低の仕事だと思ったのに対し、彼はサービスを改善し、生産性を向上させ、コストを削減することでお金を儲ける方法を発見したのだ。

自分の仕事を見るときは、あるがままではなく、その可能性を考えよう。**利口な人は現在の仕事ではなく、その将来性に着目する。**現状ではなく未来を見ることが大切なのだ。

デルタ航空からＩＢＭにいたるまで、どの企業も最初は小さかった。しかし、非凡な目標とビジョンを持つ平凡な人たちによって導かれて急成長を遂げた。

スーパーのレジ係、ホールスタッフ、清掃員、タクシー運転手、配達員といった「一見、重要ではない」とされる仕事は、学ぶチャンスがあるのだ。経営者は、明日の幹部職員になるための現場経験を持つ人たちを求めている。**仕事の世界で本当に重要なのは、本で読んだ知識ではなく、実際に働いて得た知識なのだ。**

Idea 17

# 見落とされがちな健康の秘訣は何か？それは仕事を存分に楽しむことである。

現代人は健康で長生きするためにお金をかけすぎている。風変わりなダイエットや痩せ薬、ジョギング、スポーツクラブの会費、休暇、美容、エステ、快眠の方法などに使われる金額は毎年、新記録を更新している。

ところが私たちは健康的な生活を探し求めながら、健康で幸せな生き方をするために最も大切な要素を見落としている。それは、仕事を楽しむことである。**仕事を楽しむことは、幸せで健康で長寿をまっとうすることを保障する最大の要素なのだ。**

あるビジネス雑誌が「アメリカが建国以来の200年間で生み出したビジネスパーソンの上位10人は誰か？」という読者調査をおこなった。おそらく大多数の人は、上位10人に入るには、努力に努力を重ね、大きな不安やフラストレーションなどに耐えながら仕事をしなければならないと思うだろう。

回答者はトーマス・エジソンやグラハム・ベル、ヘンリー・フォードらの名前を挙げた。上位10人に入った人たちはみな、何万人もの労働者の生活に影響を与えた人物である。彼らは数億ドルものお金を稼ぎ、使った人たちであり、激しい競争の世界に身を置いた人たちである。

健康雑誌は、競争で生じるストレスを早死にの原因としてよく取り上げている。偉業を成し遂げた人たちの平均寿命は何歳だろうか？　驚くなかれ、87歳なのだ。

20世紀の偉大な政治家の一人、ウィンストン・チャーチルは大酒飲みで、1日にタバコを10本も吸い、ジョギングや筋力トレーニングのような運動らしい運動はまったくしなかった。しかも好きなものをたらふく食べて太っていた。

彼はイギリスが最大の難局を迎えているときに指導力を発揮し、本を何冊も書き、演説をし、困難な決定を数え切れないほど多くおこなった。**チャーチルは健康を維持するためのすべての「掟」を破ったが、見落とされがちな健康法をひとつだけ実践していた。彼は仕事を楽しんでいたのだ。**チャーチルは91歳でこの世を去った。

これらの人たちを仕事に駆り立てたのは何だったか？　健康の秘訣は何だったか？

彼らは仕事をこよなく愛していたのだ。

Idea 18

# 仕事の好き嫌いが、ストレスに大きな差を生む。

数年前、全米の航空管制官がいっせいにストをおこなった。彼らの所属する労働組合は、いつもと同じ要求をした。賃上げと時短である。

組合のリーダーが自分たちの要求を正当化するために挙げた理由は、管制官たちが日ごろさらされている過酷なストレスだった。空港内外の交通管理は神経をすり減らす仕事なので、多くの職員がアルコールや薬物に頼ったり、神経衰弱で倒れたりするという主張だ。さらに、空の安全を扱う特殊なストレスが、心臓病や高血圧、児童虐待、結婚生活の破綻につながっているともいう。

これらのストレスに関連する諸問題を解決するために組合が提示している要求は、「もっとお金を払え」であった。

ストに参加していた管制官たちを心理学者が分析したところ、仕事のストレスを最も強く訴えていた職員に共通する重大な事実が判明した。**ストレスで悩んでいた管制官たちは、懸命に働いているものの、心の底では仕事が嫌いだったのだ。**彼らは最初から航空管制官になるべきではなかったのである。

心理学者はもうひとつの発見をした。**ストをおこなわず、ストレスを訴えなかった管制官たちは仕事が大好きで、日々の仕事で感動を味わっていた。**

世界で最も混雑するアトランタ空港で働くある管制官は、「私はこの仕事が大好きだ」と言っていたが、同僚たちの圧力に屈してストに参加した。そのとき彼は興味深いことを言った。「1分間に300人から500人の乗客の乗降を手伝うより、ストライキに参加するほうがよほどストレスになる。『われわれの生活はストレスで破壊されつつある』とプラカードに書いて人々に見せることに抵抗を感じた。私には当てはまらないからだ」

大統領は、航空便がアメリカ国民にとって不可欠であり、政府職員によるストは違法であることを理由に、管制官に対して「仕事に戻らなければ解雇する」と通告した。彼らの多くは解雇されることを選んだ。

Idea 19

# 命を預かる大手術を前にしても、ストレスを感じない人がいる。

私は2年前に左脚の大手術を受けた。翌日、順調に回復しているかどうかを確認するために執刀医が病室にやって来た。私は手術を成功させてくれたことに感謝の言葉を述べた。その際、週に5、6回の執刀、術後の処理、患者の家族への対応にどうやって耐えているのかを尋ねてみた。

医者は微笑みながら、こう言った。

「**私は仕事を楽しんでいます。**今回の手術に関して私は全米でトップクラスに入りますが、もし毎日のように講演しなければならないなら、きっとみじめな状況に陥るでしょう。私は人前で話すことが怖くて仕方がないのです」

「要するに」と医者は話を続けた。

「**私は自分の仕事をたいへん誇りに思っていますし、力量に自信を持っています。**人々がより楽しい人生を送るのを手伝ったり、命を救ったりすることは、とてもやりがいのある仕事です」

「あと30分ほどしたら」と医者はさらに話した。

「大手術をしなければなりません。重症の患者さんの片脚を切断しなければならないのです。命は保証できませんが、手術が終わったあとで、その患者さんが生存し回復するのを手伝うだけの技術と体力を私に与えてくださったことを神に感謝するつもりです」

「それはかなりの大手術のようですね。もしその患者さんが生存できなかったら、先生はどういう気分になるでしょうか？」と私は尋ねた。

「そうですね」と医者は答えた。

「その場合でも、**自分はできるかぎりのことをした、と思うことでしょう。**もし私が手術をしないなら、その患者さんは3、4日しか生きられません。

神は私たち一人ひとりが最善を尽くすよう期待していると、私は信じています。私は最善を尽くします。あとは神に任せるだけです」

Idea 20

# 仕事も学業も大いに楽しもう。自分が楽しくないと周囲の人も楽しめない。

執刀医との会話のあと、私は別室に移された。

すると、窓の外で建設労働者たちが新病棟を建てている姿が目に入った。私は、彼らが地上11階の高さの場所で、幅30センチしかない鉄板の上を慎重に歩いているのに気がついた。一歩間違えば、転落して死が待ち受けている。

ほとんどの人にとって、こういう状況下で働くことは、かなりのストレスの原因になるだろう。しかし、現場の労働者たちは自分の仕事が好きだったから、ストレスにはならなかったようだ。

**仕事というものは、楽しまないと必ずストレスの原因になる。**

学校教育に関心のない人が教師になったら、気がおかしくなるだろう。大事なサッカーの試合で決勝のシュートをするよう命令されれば、ほとんどの人は精神的にまいってしまうだろう。必修だからという理由で嫌いな授業を受けさせられれば、好きな授業をすすんで受けるよりもストレスを経験しやすい。

最近、自分にとってかなり大きなストレスになると思う仕事をリストアップしてみた。あなたもしてみるといい。きっと役に立つはずだ。私の場合はこんな具合である。

- 大渋滞の中でタクシーを運転する
- 警察官として働く
- 離婚専門の弁護士をする
- 製図の仕事をする

**ストレスを感じる仕事に就いてはいけない。自分が不幸になるだけでなく、周囲の人も不幸になる。**

Idea 21

# 楽しんでできる仕事を見つけよう。そうすればストレスはなくなる。

私は長年、管理職を対象とするセミナーの参加者たちに「ふたつのことを紙に書いてみてください」と言ってきた。自分が1年間に病気のために会社を休んだ日数と、部下が休んだ日数だ。

その答えにはいつも驚かされる。管理職が休むのは平均2日。ところが、一般社員が休むのは平均18日、管理職よりも9倍も多いのだ。

なぜか？　その主な理由は、管理職が一般社員よりも自分の仕事に満足していることだ。**仕事を楽しんでいない人は、事あるごとに病気になりやすい。**と言っても、組合の契約や会社の規則で認められた病欠日数を超えない程度の「病気」なのだが。

さらに、仕事を楽しんでいない従業員には次のような特徴がある。会社の品物（商品や備品、器械など）を盗む、摩擦やもめ事を起こす、仕事の妨げになるようなうわさを広める、生産性の低下の主な原因となる、などなど。

私の友人に、アルコール依存症の患者を対象とするリハビリ・センターの所長をしている人がいる。私はその友人にアルコール依存症の本当の原因を聞いてみたところ、彼は「過度の飲酒は、それが問題なのではなく、ひとつの症状にすぎない」と答えた。

「このセンターでは」と彼は話を続けた。「われわれは注意深く記録をとり、精密な心理テストをおこなっている。その結果、ここの患者の7割が仕事に不満を持っていることがわかった。だから、仕事への不満をやわらげようとして、ますます多くの量のアルコールを飲むようになる」

さらに、彼はきわめて意義深い指摘をした。

「過去15年間、われわれは合計154人の牧師や神父、ラビを治療してきた。ある分析によると、そのうちの7人が聖職者であることを嫌がっているというのだ。彼らの大部分は、家族のプレッシャーに屈して聖職に就いただけなのだ。**仕事への不満がアルコールだけでなく薬物乱用の根底にあることもわかってきた。そこで治療の一環として、われわれは患者が楽しんでできる仕事が見つけられるように職業相談に重点を置いている**」

Idea 22

# 「犠牲を払う」とは、未来に投資すること。今日何かを手放しても、明日もっと多く手に入る。

作家のA・P・ゴウセーはかつてこう書いている。

「リスクを冒さずに利益を上げようとしたり、危険を冒さずに経験を積もうとしたり、仕事をせずに報酬を得ようとしたりするのは、生まれずに生きようとするのと同じくらい不可能である」

この名言の中に、成功することの絶対条件のひとつを見つけることができる。すなわち、**犠牲を払わずに成功することはありえない**、ということだ。

ところで、犠牲を払うのは悪いことだろうか？

**犠牲を払うことは、未来に投資をすることという意味になる。**つまり、**今日何かを手放して、明日それをもっと多く手に入れる、**ということだ。

私の知っているある大企業の役員の例を挙げよう。ジェリー・W氏は自分と妻子のために見事に犠牲を払った。

ジェリーが25年前にセールスパーソンとして最大手の家庭用品会社に入社したとき以来、私はずっと彼を知っている。

社内での業績はいつも抜群だった。

社長に就任してから約1カ月後、彼と昼食を共にしたときに、「君と君の家族が払った犠牲は、大手企業の社長という地位に就いたことで報われたと思うか？」と尋ねた。

ジェリーは一瞬考えたあとで、意味深なことを言った。

「この会社に就職してからしばらくたって、『獲物を追いかけることは、殺すことよりも楽しい』という古い格言に秘められた知恵を理解できるようになった。私はそれを、**頂点にいたる道は、頂点にいるよりも楽しい、**と解釈している」

「つまり」とジェリーは話を続けた。

「**人生は旅であり、死はすべての人にとって最終地点だ。冒険に富んだ人生を送ることは、30年も40年も退屈して死ぬよりも楽しい。**そこで、私と妻のメアリーはこの会社の頂点をめざして旅をしようと決めたんだ。率直に言うと、私は最初から頂点をめざし、大いなる冒険をしようと考えていた」

彼はさらに話を続けた。

「私もあらゆる種類の犠牲を払わなければならなかった。途中で異なる上司に適応しなければならなかった。立派な上司もいたが、そうでない上司も何人かいた。不適格な部下を配属されたこともある。2回にわたって同僚が私を中傷し、昇進を妨害しようとしたこともあった。しかし、どの経験も歓迎したからこそ、私は強くなれたと思う」

成果があがることがわかっているのに、なぜ人々は犠牲を払うことを避けようと必死になるのだろうか？

人々が今日の楽しみを控えることによって、将来さらにもっと大きな楽しみを手に入れたいと思わないのはなぜだろうか？

これはおそらく、戦争中に兵士がよく口にした「食べて飲んで楽しめ。明日になったら死ぬかもしれないのだから」というセリフと同じ心理によるものかもしれないし、幼い子どものように自分の欲求が今すぐに満たされることを望むせっかちな気持ちのせいかもしれない。

すべてうまくいっている人は、将来得られる多大なる報酬のために、今犠牲を払うこと、時間や労力を投資することを嫌がったりはしないだろう。

Idea 23

# 賢者たちが年月をかけて知った成功の秘訣。「この世にタダで手に入るものはない」

医者が社会で尊敬されるのは、なぜか？　医師免許を取得するには、かなりの犠牲を払わなければならないからだ。

医者になるには、難関の医学部入試を突破し、医学部に入ってからも猛烈な勉強をしなければならない。医学部を卒業後も、さらに研修医として実務経験を積むことになる。忙しさのあまりプライベートを後回しにすることもあるだろう。


昔話を紹介しよう。

大金持ちの王様が、成功を収めるのに必要なことを要約したいと思った。そこで国内の賢者たちを集めて、「10年以内に答えを見つけるように」と言った。

10年後、賢者たちが戻ってきて王様の机の上に数十冊の本を置いた。王様は言った。

「これは見るからにややこしい。もう10年与えるから、簡潔な答えを見つけてくれ」

10年後、賢者たちが戻ってきて、今度は王様の机の上に1冊だけ本を置いた。

「まだややこしい。もう10年与えるから、簡潔な答えを見つけてくれ」と王様は言った。

10年が経過し、賢者たちは年をとって疲れた様子で戻り、王様の机の上に1枚の紙を置いた。それには、**「この世にタダで手に入るものはない」**とだけ書かれていた。

王様は感激し、「でかした。成功の秘訣をやっと見つけたな」と賢者たちをほめた。


**幸福や業績、お金、昇進、愛、それ以外にも価値のあるものはすべて、犠牲を払うことによって得られるのだ。**

Idea 24

# 高収入を得たいなら、その道のプロになれ。それには一にも二にも練習を積む必要がある。

プロのスポーツ選手たちはお金をもらいすぎている、と多くの人は思っている。しかし、彼らが払った犠牲のことを考えると、報酬はむしろ少なすぎるくらいだ。プロの契約を勝ち取るには、膨大な練習量と自己犠牲が必要とされる。

高校のフットボール選手のうちプロになれる見込みがあるのは、1万2千人に1人しかいない。その選手が契約を勝ち取ると、さらに大きな犠牲を払うことが要求される。犠牲のひとつである練習は非常に厳しい。クォーターバックは、テレビで見るパス1回につき100回の投球練習を繰り返す。ひとつのプレーを試合で使う前に、それを50回くらい練習する。

そのほかの犠牲は、家族と離れ離れになることや苦しい遠征、ケガ、期待どおりのプレーができずにファンに野次られてプライドが傷つくことである。

**スポーツ選手は、犠牲を払うことによってプロになっていくのだ。**

超一流のパフォーマンスをするプロは、たいした努力もせずにそうしているかのように見せかける。コンサートに行った人は、楽器を演奏することが簡単で、演奏家が美しい音色を奏でる才能を生まれつき持っているかのような印象を受けるかもしれない。見ている人が気づかないのは、プロが技術を磨くために毎日どれだけ時間をかけて努力をしているかということだ。

プロが、なぜより多くのお金を稼ぐのか？　エピソードを元に具体的に説明しよう。

ある会社の機械が故障した。従業員がそれを修理するために、ありとあらゆることを試みたが、うまくいかなかった。

仕方なく経営者は修理屋を呼んだ。

修理屋はしばらく機械を調べると、道具箱からゴム製のハンマーを取り出し、ある箇所をコンコンと叩いた。すると、どうだろう！　機械は調子よく動き出したのだ。

すべての作業を終えると、修理屋は経営者に「300ドル」と書いた請求書を渡した。

経営者はその値段にとまどった。修理屋は機械をハンマーで叩いただけなのだ。

そこで、経営者が、支払う前に一度、明細書を見せてほしいと要求したところ、まもなく修理屋からこんな明細書が送られてきた。

ハンマーで機械を叩いたこと……………………………1ドル
機械のどこを叩けばいいか知っていたこと……………299ドル
計　300ドル

では、どうすればプロになれるのか？

それには、一にも二にも練習を積むことだ。

患者の血管から血液を抜くことが簡単にできる看護師はプロである。高さ20メートルのところから飛び込めるダイバーはプロである。重力の法則を8歳の子どもが理解できるように教えられる教師はプロである。

どの職業にもプロが必要だ。すなわち、技能と専門知識と献身的態度を身につけ、自分に与えられた課題を見事に遂行する人たちだ。**ファストフード・レストランの給仕から歯科の治療、コンピュータープログラミングにいたるまで、どの分野でも最大の報酬を手に入れるのは、その道のプロである。**

Idea 25

# 時間がどれだけ経過したかは関係ない。その時間に何を学んだかのほうが大切だ。

職業安定所のスペシャリストと話をしていたとき、相談にやって来る人たちに合う職業を選ぶ手伝いをするときの問題について教えてくれた。

「最近では」と彼女は説明した。「ほとんどの人が専門家にお金を払って履歴書を書いてもらっています。どの履歴書もうまく書かれているので、採用する側は実際の適性を決定することが困難になってきています。職安の職員が気づくようになった重要な点は、経験と能力が一致しないことがよくあるということです」

「つまり」と彼女は話を続けた。

「経験は、誤解を招くことがあるのです。たとえば、5年間、経験を積んだということは、5年間にわたって雇用されたというだけで、何も学んでいないこともありえます。**勤続年数だけで経験を測定しても、その人の技能を判定する材料にはならないのです**」

彼女はさらに話を続けた。

「2年しか経験のない人が、10年も経験を積んだ人より成長して、価値のある存在になるということがよくあります。現在では、**昇進するうえで大切なのは、その仕事をしながらどれだけの時間が経過したかではなく、その時間からどれだけのものを得たかということです**」


就職する前に、「**半年後、1年後、3年後、自分はもっと価値のある人物になるだろうか？**」と自問しよう。

今の仕事を辞めようと思っているなら、「**この仕事で有益なことを学んだか？**」と自問しよう。


最初の質問に対する答えが「ノー」なら、その仕事に就いてはいけない。2番目の質問に対する答えが「ノー」なら、できるだけ早く転職すべきだ。

すべての人には「学習の場」が必要である。すなわち、自分がしたいことをするための知識や技能、テクニックを身につける場だ。

将来、プロをめざしている利口なフットボール選手は、プロのお呼びがかかる名門大学を選ぶ。大きな夢を持つ医学生は、名門の医学部を選ぶ。コンピューターのことを深く学びたいと思う者は、その分野の一流企業に入って技術を磨く。

**仕事を選ぶうえで考慮しなければならない基本事項は「初任給はいくらか？」ではなく、「昇進するためにどれだけのことを学べるか？」「将来、自分で事業を立ち上げる準備をするために何を学べるか？」である。**

ほとんどの法律事務所や会計事務所、広告代理店、コンサルタント会社の創業者は、必要な技能を別の会社で学んだ人たちである。

どのような仕事の機会を判断するときもカギになる問いかけは、「私はこの分野で昇進したり事業を起こしたりするために何を学べるだろうか？」である。

軍隊では新兵を教育して鍛えるために新兵訓練所を使っている。訓練と規律はかなり厳しい。新兵訓練所の主な目的は、基本的訓練によって新兵の適性を査定することである。

しかし、もうひとつの重要な目的は、新兵がそれに耐えられるかどうかを見極めることだ。耐えられない者は除隊させられる。

民間人向けの「新兵訓練所」もある。たとえば若いセールスパーソンたちに、セールスパーソンとしての技術と心がまえを身につけさせるため、数日間にわたる猛烈な訓練を実施している会社がある。その内容とは、実際に一日中、一般の人を対象に直接販売をすること。

歩合制で働くセールスパーソンは厳しい仕事だ。「イエス」よりも「ノー」という返事を頻繁に耳にしなければならない。しかし、海兵隊員が戦闘で生き残る方法を新兵訓練所で学ぶのと同じように、彼らも営業の基本をセールスパーソンのための新平訓練所でしっかりと学び取る。

このセールス実施訓練を受けた人物は、皆、それぞれの分野で大成功をおさめている。たとえ商品が素晴らしく、リーダーシップが卓越していても、一人ひとりが成功するかどうかは、結局は個人にかかっている。

**私たちは、自分の力で成功を勝ち取らなければならないのだ。**

# 第3章

# 大きく考えて、小さく行動しよう

Idea 26

# 本当に大切なことに集中する。

私は大学生のころ、1年間、週末にいろいろな教会に通った。できるだけ多くの宗教や信念、考え方に接して、人々が探し求める実用的な成功哲学を学ぼうと考えていたのだ。ある日曜日、教会に行く途中で別の礼拝堂の前を通った。掲示板に興味深い内容の説教が予定されていると書かれていたので、代わりにそこへ行ってみることにした。説教のテーマは「この世で最大の誘惑」だった。当時の私は若者であり、誘惑についてはすでにある程度知っていた。

ところが説教の冒頭で、最大の誘惑は性欲や金銭欲、窃盗ではないという説明があった。牧師によると、最大の誘惑とは、狭量で嫉妬深くてネガティブな人たちのつまらない価値観を受け入れることだという。さらに、この誘惑を克服できれば、ほかの誘惑を克服するのは比較的簡単だと強調した。

牧師は「**自分の人生で大切なことに的を絞れ**」と力説し、「**人間関係や家族、仕事、お金、目標などの分野で本当に大切なことに集中しなさい**」と言った。

私はこの説教をつい先ほど聞いたかのようにはっきりと覚えている。

この素晴らしいメッセージに対する私の考えを話そう。

その牧師が教えてくれた知恵は、あなたが成功や財産、幸福を求めるうえでたいへん役に立つはずだ。

Idea 27

# 多くの人が見落としている単純な成功法則。常に心のこもったサービスを提供すること。

ケーキについて考えてみよう。

よいケーキとはどこがすぐれているか？　もちろんアイシングだ。アイシングとは、ケーキが焼きあがったあとで上に塗るペースト状のクリームのことである。

商売上手なケーキ屋は、ケーキをつくってから客の好みに応じてデコレーションをすることで繁盛する。

数カ月前、孫娘のセーラが体調を崩した。私はケーキを買って、その店の女性にケーキの上に「気分がよくなってよかったね」と書いてもらった。私はセーラが病気ではなく、体調が回復しつつあることを期待していた。そのメッセージは、1トン分の薬と同等の価値があった。私はそのときのセーラの目を見、嬉しそうな声を聞いたとき、自分の体内に活力がみなぎるのを感じた。

ケーキにアイシングをすることには、お金を儲けて成功する教訓が秘められている。

2年前のかなり寒い夜、わが家の水道管の水が凍結した。配管工を呼んだが、最初の5人には多忙を理由に断られた。

だが、6人目の配管工は違った。

「今はとても忙しいですが、お客様のご住所はわかっていますから、時間が空きしだい伺います。電気をつけたままにしておいてください。カギの位置を教えてくだされば、深夜の1時から2時までにお伺いします」と言ってくれたのだ。

配管工が午前2時少し前に来たとき、私はまだ起きて仕事をしていた。工事のおかげですぐに水道が使えるようになった。

だが、この話には後日談がある。4日後、寒波が去ったあとで配管工から電話があり、「その後、パイプの調子はどうか気になりまして、お電話を差し上げました」と言ってきた。

私が「おかげで順調だよ」と言うと、彼は「お役に立てて嬉しいです。ところでシュワルッさん、私はエアコンも取り扱っています。今年の夏にご入り用の際はお電話くださ い。すぐにお伺いしますので」と言った。

偶然、6月にエアコンの調子が悪くなった。当然、例の配管工に仕事を依頼した。なぜか？　急な寒さの折り、わざわざ来てくれて、そのあとも順調かどうか、フォローの電話を入れてくれたからだ。

この配管工は「ケーキのアイシング」の原理を実践して、さらに仕事を獲得した。

**心のこもったサービスを提供すれば、お金はおのずと入ってくる。**

重力が物理学の基本法則であるのと同じように、これは成功の基本法則である。

不動産業者の友人も、「ケーキのアイシング」を実践している。売ったあとには必ず心をこめてフォローの電話をするのだ。

「不動産業界では、あまりこういうことはしないんですがね」と彼女は言う。

「ほとんどの業者は買い手からクレームをつけられることを恐れています。しかし、買い手は小さい問題を抱えていることがよくあり、それを解決するのが私の仕事です。アフターサービスほど評判が上がるものはありません。ある意味で、私は買い手からの苦情を歓迎しています。買い手は家を売った不動産屋をすぐに忘れるのですが、アフターケアをする不動産屋は覚えてくれるものです」

さらに、彼女は話を続けた。

「私が家を売った多くのお客さんが、数年たって転勤したり大きな家に住みたくなったりした際に、『この家を誰かに売ってほしい』と言ってくるんです。13年前にこの業界に参入して以来、1軒の家を3回も売りましたよ」

アフターサービスは取引におけるちょっとした「アイシング」だが、見返りは大きい。

**買い手が期待しているよりも少し多めに与えることが、商売繁盛のコツである。**

Idea 28

# 顧客の想像力をとらえると、売り上げはいくらでも伸びる。

アパレルの卸売りはかなり競争の激しい世界だ。小規模の小売店では、販売員のほうが顧客よりも多い日がある。アパレルの営業で大成功を収める人はほとんどいないが、ジョン・Sは例外だ。

ある日、私はジョンに、卸売りの平均的なセールスパーソンの倍以上のお金を稼いでいる秘訣を尋ねた。

ジョンは笑顔で言った。

「**私の卸した商品を小売店の販売員たちが顧客に売るお手伝いをすることです**」

「つまり」とジョンは説明した。

「私の営業活動は、小売店の販売員が商品を受け取ったときに終わるわけではないのです。それは営業活動の半分にすぎません。もう半分は、私が販売員に売った商品を顧客に買ってもらえるように工夫することです。私が担当している販売員の多くは、商売がうまくありません。売り方を知らないからです。私の売っているものを彼らが売ってくれないと、私のビジネスはすぐにダメになってしまいます。そこで、新しい商品を紹介するとき、販売員たちに主な購買層を説明します。顧客の年齢やファッション意識、収入などです。さらに、商品のどういう特徴を強調したらいいか、魅力をどうアピールするか、そして最も大切なことですが、**顧客の想像力をとらえる方法**を具体的に説明するのです」

「顧客の想像力をとらえるとは？」と私は尋ねた。

ジョンは答えた。

「婦人服であれ紳士服であれ、販売員は布だけを売っています。『これはウール100％です』とか『この生地は洗濯しても縮みません』と言うだけです。しかし、販売員がラベルの表示を読み上げているだけでは売れません。私が販売員に教えているのは、この服を着ると職場でどれだけよく見えるか、実際よりもどれだけ立派に見えるかを顧客に説明し、『このドレスをお召しになると、スタイルがすごくよく見えますよ』と言うことです。これが私の言う想像力です。私が想像力の重要性を販売員に伝えると、彼らの売り上げは伸び、私の売り上げも伸びます」

Idea 29

# 相手の期待を超えるものを与えよう。それができれば必ず成功する。

どの分野であれ、利口な人は自分が売っている「ケーキ」の上に「アイシング」をする。

シェアの拡大をめざすコンピューター会社は、ソフトのインストールが万全かどうかを確認するためのアフターサービスをしっかりしている。

私が知っている服の販売員は、購入後1カ月ほどしてから顧客に電話をし、満足しているかどうかを尋ね、その折に、新しく入荷した服の話をする。

ベティ・Mは、洗剤や靴クリーム、カーペットクリーナー、芳香剤といったさまざまな家庭用品を売っている。彼女は月に1回、すべての顧客に電話をし、商品に満足しているかどうか確認し、ほかの商品を紹介している。

よい成績を収めようとする学生は、レポートを提出する際に、誤字脱字がないことをチェックし、きちんとしたフォルダーに入れ、担当教官の名前を正確に書く。

ケーキの上にアイシングをするというのは、**相手の期待している以上のものを与える**という意味である。

そしてそれは、電話応対といったごく簡単なことから始まる。

商用で電話をすると、相手が「私はこの仕事が好きではない。どうしてわざわざ電話してくるの？　さっさと用件を言え」と言わんばかりの対応をすることがある。電話に出る人の声の調子は、その人自身の心の姿勢と社風を表している。

**経営者や管理職の人へ**
**自分の会社や職場に電話してみるといい。「お電話ありがとうございます」という明るい声が聞こえてこなければ、その職員を訓練するか配置換えをするべきだ。友人に店頭に来てもらい、よい接客態度という印象を受けなければ、しかるべき措置を取る必要がある。**

Idea 30

# 顧客が求めている最高の結果を聞き出せば、解決策はすぐに見つかる。

私は数カ月前、ミネアポリスで友人のアレック・Wと朝食を共にした。彼は会議を計画するサービスを仕事にしている。企業の主な会議を計画し、施設や娯楽、講演者、賞、参加者のための交通手段など会議を成功させるために必要な詳細をすべて手配するのだ。

朝食の際、アレックから、彼がクライアントに電話をするのに立ち会ってほしいと頼まれた。営業のやり方についてアドバイスがほしいと言うのだ。

アレックの営業ぶりは見事だった。たとえば、クライアントに対してこんな具合だ。

「○○さん、会議が終わって参加者たちが帰宅の途についているとします。彼らが会社や来年の目標、新しい製品をどのように思うことを望みますか？　会議で何が達成されることを求めますか？」

最高の結果についての調査を終えると、アレックはクライアントが会議に求める主な目標を繰り返し、お礼を述べ、会議の全体的な計画を提案する日時を設定した。

アレックは説明した。「新しいクライアントに対しては、私はいつも二段階方式を使っています。**最初の段階では情報を集めるだけです。その次の段階で、私は自分のサービスがクライアントの目標を達成するのにどのように役立つかを示します**」

仕事を獲得するには履歴書が重要だと考えられている。しかし実際には、履歴書は面接の機会を獲得するのに役立つだけだ。履歴書では仕事を獲得できない。仕事を獲得するには個人面接がカギとなる。そして面接を受けるときは、アレックの「最高の結果」を出すやり方を活用するといい。その方法を示そう。

面接のはじめに、面接官にこんなふうに言う。「私たちが今日お会いした目的は、御社が私の適性を見極めることと、私が御社の将来性を見極めることです。労使関係が互いに利益をもたらすかどうかを検討するための面接です。お考えになっている理想の人物像（最高の結果）を教えてください」

これは単刀直入ではあるが公平な言い方であり、雇用者はこんなふうに言うだろう。

「当社が求めている人材は、次の資質を兼ね備えていなければなりません。正直、能力、独創性、協調性、野心です」

**雇用者が求める資質がわかれば、その理想の基準を自分がどれだけ満たしているかを説明すればいい。**

最高の結果を出すやり方は、不動産の売却に取り入れることができる。不動産業者の集まりでそれを説明してから約一年半後、私はロサンゼルスの不動産業者ジャック・Aに出会った。

ジャックはこのやり方を活用する方法を具体的に話してくれた。「あなたのセミナーを受講したあと、ピッツバーグの重役から電話をもらいました。ロサンゼルスで会社の支部を設立することになったそうで、彼は住む家を探していたのです」

ジャックはさらに話をつづけた。「そこで私は、例の最高の結果を出すやり方を使うことに決めました。10分ほど話をして適当な物件を紹介するのではなく、彼が何を求めているのかを具体的に説明してもらいました。1時間ほど電話をして、閑静な住宅地に住みたいと思っていること、近所の住民はどういう人たちがいいか、ショッピングセンターや学校、ゴルフコースからどれくらい近くの地域を望んでいるかがわかりました。

2日後、私は彼に電話をして、要求に合致する家を4軒見つけたので、翌週、奥さんといっしょにロサンゼルスまで見に来てほしいと伝えました。

土曜の朝、お二人と空港で会い、4軒の家がある地域で昼食を取ったあと、4軒の家を見てもらいました。3時間後、ご夫婦はどれにするかを決め、販売が成立しました」

そこで私は問い返した。「あなたは最高の結果を出すやり方を使って150万ドル相当の不動産を売ったと言いましたね。この人物は1軒の家を購入するためにそんなに多額のお金を払ったのですか?」

「いいえ、そういうことではありません」と不動産業者は笑った。

「しかし、その後の半年間で、彼の会社の5人のスタッフが家族といっしょにこちらに引っ越してこられたのです。私は最初のご家族に喜んでもらえるようサービスをしましたから、当然、それらの人たちにも推薦していただき、結局、合計6軒の家を売ることができたのです」

Idea 31

# 謙虚な姿勢で人々に意見を求めよう。元手なしで大きな効果が得られる。

**最高の結果を出すやり方のひとつは、人々に意見を述べてもらうことだ。**実際、誰でも多くのことについて意見を持っている。

フロリダにいる友人のピーター・Fは鉄鋼会社の経営者である。前回の不況のさなか、ほとんどの鉄鋼会社は深刻な問題を抱えていたが、ピーターの会社は繁栄した。最近、彼と会ったとき、同業他社が苦境にあえいでいるのに、彼の会社が成長し続けている理由を尋ねた。

「それには多くの理由が考えられますが、私が心がけているのは、重大決定をする前に社員の意見を求めるということです。もちろん、業界紙には必ず目を通すようにしていますが、軍隊にいるときに学んだように、**最高の情報は前線に立っている人たちが提供してくれます。**当社は鉄鋼を全国に販売していますが、その際、取り付け業者の意見を聞くことを心がけています。顧客の要望に関する現場の意見を知りたいからです。

たとえば、当社はオーダーメイドの冷凍スチール製倉庫を顧客に提供しているのですが、その際、顧客に『次世代の冷凍保存設備にどんな変化を求めますか？』と尋ねるようにしています。誰でも何かを考えていますから、私はその考えをぜひ教えてほしいとお願いしているのです。取り付け担当者、トラックの運転手、製造に携わっている従業員、顧客に意見を求めることによって、ふたつのことを成し遂げることができます。第一に、いろんな人に意見を言う機会を与えると、彼らの協力が得やすくなることです。第二に、多くのアイデアを知ると、それを参考にして利益が得られることです」

最後に彼はこう言った。

「相手の意見を求めるテクニックを当社の管理職に教えましたが、彼らの中には部下にアイデアを求めることが弱さの証しだと思い込んでいる者もいます。しかし、**人々に意見を求めることは余裕の表れであり、強さの証しなのです**」

あなたは、あらゆることでこの方法を使うことができる。たとえば、昇進をめざしているなら、そのために何が要求されるかを管理職に教えてもらうといったことだ。

Idea 32

# 物置の製造販売はなぜ儲かるのか？必要のないものを買う人がたくさんいるから。

**成功をめざす人は、何をするにしても質を最も重視する。**買い物をするときも友だちをつくるときも、いつもそうだ。

一方、**平均的な人は量にこだわる。**成功をめざす人が本当の価値を追い求めるのに対し、平均的な人は「値段は？」「大きさは？」「量は？」とだけ考える。

この数年来、私はちょっとした実験をしてきた。教室や講演で、女性たちに自分が所有している靴の大まかな数を書いてもらうのだ。その数は平均すると約24足になる。

そこで私はもうひとつ質問する。「では、この半年間でそのうちの何足を履いたか？」と。答えは、たったの4足か5足だ。

そして最後に、「そんなに多くの靴を買ったのに、なぜ履かないのか？」と尋ねる。答えはいつもだいたい同じだ。「バーゲンセールでつい買ってしまった」「店頭ではよく見えたが、買ったあとで好きになれなかった」「半額と表示してあった」などなど。

この実験の結果、買ったのに履かない靴というのは、仕上がりがよくない、品質が悪い、流行を追っているだけであることがわかった。女性が最もよく履く靴は、高品質で足によくなじむ魅力的な製品だ。

**利口な消費者は何を買うときでも少ししか買わない。**本当にお買い得な商品は安売りの対象にならないことを知っているからだ。利口な消費者は「**お金を2倍払って、買う品物の数を半分に絞る**」という極意を実践している。

高品質のドレスは10年、20年たっても素晴らしい。高級車は5年、10年たっても価値があって称賛されるが、安物はすぐに価値がなくなる。高級な宝石は時間がたてば価値がますます高まるが、安売りで買った宝石は明日にも価値がなくなる。言い換えれば、「特売品」とは「あまりよくない品物」という意味だ。

物置の製造販売という産業が成長している。買わなくてもいいものを買って、捨てることに罪悪感を抱いている人に、収納スペースを提供するためだ。問題は狭い一戸建てやマンションではなく、ゴミ同然のようなものを買う誘惑を抑えられないことである。

Idea 33

# 妥協してマイホームを買うと後悔する。できれば一等地を選んで「満足」を買おう。

不動産では、安物を買うと大損をする。不動産は、本当の意味で永続的な唯一の資産である。それは私たちの衣食住の場である。ところが不動産を売買するとき、多くの人は価値よりも価格を優先し、その結果、大損をしてしまうのだ。

住まい選びは、かなり時間がかかる困難な作業である。しかも購入の決定をしたところで、多くの買い手はすぐに落胆する。家を購入した夫婦のあいだでは、しばしば次のようなやり取りが交わされる。

妻「私が夢見てきた家ではないけれど、私たちのニーズには合っているようね。二人の収入を合わせても、それほど大した額にはならないし、仕事だって保障されているわけではないわ。ほしい家を買うこともできたけれど、不動産業者は『この物件はお買い得ですよ』と強調していたわね」

夫「そのとおりだ。ただ率直に言うと、この家はそれほどのものではないし、僕としては少しがっかりだね。でも運がよければ二人の収入も増えて、4、5年もすればもっと気に入った場所に移れると思うよ」

妻「そうなるといいわ。子どもはまだ4歳だから、あと数年はこの地域で十分だわ」

夫「もっといい家を買えたけれど、この家で満足しよう。先行きが不安な時代だから」

この二人の妥協は、コストに見合うだろうか？　この夫婦はこの家が本当は好きではないから、メンテナンスを怠るだろう。子どもはすでに物理的環境とほかの子どもたちの影響を受ける年齢に達している。この家は理想とはほど遠いようだから、価格の上昇はあまり見込めない。それどころか、この家の資産価値は下落するかもしれない。

**住む場所は、人生のあらゆる面に影響を与える。心の姿勢、自信、友情、健康も影響を受ける。**不動産で一等地を選ぶ人は、けちって妥協する人に比べて、長い目で見ると幸せな生活を送り、気力も充実し、繁栄を享受することができる。

Idea 34

# 利益を増やす画期的な方法とは、大切なことにお金をかけること。

不動産だけではない。巨富を築くために正確に答えなければならない基本的な質問が、ふたつある。

■ 第一の質問　収入をどうやって増やすか?
■ 第二の質問　支出をどうやって切り詰めるか?

個人的な財産管理であれ仕事上の財務管理であれ、決定をする際には以上のふたつの質問に答える必要がある。人々は支出を抑えようとして、どうでもいいことにけちけちする傾向がある。

私は、今までに何度も会社の経営陣がコスト削減策を話し合っている様子を見てきた。

彼らはほとんど例外なく、レポート用紙や封筒、クリップなどの文房具の支出を減らすといった些細なことを議論し、夏に冷房温度を上げて冬に暖房温度を下げて従業員が効率よく働けなくなるオフィス環境をつくることを検討していた。

**人々はささいな支出を減らす努力をする一方で、重大なことを見落としている。**たとえば、不採算部門を廃止する、複数の部署を統合する、コンピューターを効率よく使う、新しい売り手を選ぶといったことだ。

**小銭をけちって、大金を失うという取引の仕方は、社会全体に蔓延している。**人々は保険料が安いという単純な理由で自動車保険に入り、保険会社がクレームに対応してくれないことに驚き、腹を立てる。

私が社会人になったころ、雇用者が節約に徹していた。私に課せられた職務のひとつは、事務職を雇うことだった。私は何度も「最高の人材を雇いましょう」と提案したが、いつも却下された。給料を平均的な従業員より1割か2割多く払わなければならなくなるというのが理由だ。しかし、低賃金で雇える従業員を選んだために、生産性が低下し、ミスが続発し、離職率が高まり、病欠が増えたためにコストが高くなった。

Idea 35

# 大きく考える人にとって、小さなことは莫大な違いを生む。

**いったん大きな計画を立てれば、あとは細部にまで意識を向けよう。**

私の友人はニューオーリンズで2軒のレストランを成功させている。どちらもかなり流行っている。彼に「ほとんどのレストランが利益を出せずに苦労しているのに、どうして君のレストランは繁盛しているのか？」と尋ねた。

彼は笑いながら、こう答えた。

「私の成功の秘訣は、細部にまで意識を向けることだよ。まず、メニューから見てみよう。サラダやパン、飲み物、デザートなど、すべての品目を注意深く選び抜いたんだ。室内設計を選ぶのは、5人の装飾家の意見を聞いてからだ。バイオリン奏者は40人の中から3人を選んだ。花や家具、椅子、食器類などはすべて厳選している」

「食材はどのように選んでいるんだい？」と尋ねると、彼はこう答えた。
「それは全体の中で最も簡単だね。第一級の肉と野菜と果物だけを買えばいいのさ」

これがライバル店の約2倍の料金を取り、店内はいつもほぼ満席状態を維持し、繁盛しているレストランの経営者の例である。**彼は「大きく考える人にとって、小さいことは莫大な違いを生む」という哲学を実践しているのだ。**

細部により意識を向ければ、何をするにしてもより高い値段をつけることができる。

衣料品の製造業者に「あなたはなぜ同業他社のスーツよりも2倍近い値段をつけることができるのか？」と尋ねたことがある。

彼は1着のスーツを棚から取り出し、安い料金しか取らない競争相手がしないことと、自分がしていることとの違いを具体的に示した。ステッチや縫製、線装飾、ボタンの縫い付け、全体の合成といった「小さい」ことに気をつけているというのだ。

Idea 36

# 細部をおろそかにすると、大きな被害が発生する。

講演活動をしていると、細部にまで意識を向けることがなぜ大切なのかをたびたび目の当たりにする。

私がよく知っているふたつの事例を紹介しよう。

## 事例1　名前の間違い

重要なゲストの名前が間違っていた。プロの講演家にとって名前を間違われることは、残念ながら仕事ぶりに悪影響をおよぼす。たとえば、私の名前のシュワルツは講演会でよく間違われる。プログラム表を見ると、スワルツ、スアルツ、シュアルツ、シュルツと書かれていたりするのだ。

先月の講演会では、ゲストのメイヤー氏が激怒した。名前が間違ってマイヤーと書かれていたのだ。彼は怒ってスタッフに文句を言った。しかも、その直後の講演で、自分の名前が間違って書かれていたことは大問題だと話したのだ。

たしかに彼の反応は行きすぎていたが、このエピソードは重大な教訓を教えてくれる。それは、他人の名前を間違えないように気をつけろ、ということだ。

「**人の名前は、日常生活で使う言葉の中で最も重要な単語である**」という古い格言を肝に銘じよう。

### 事例2　リストの記載漏れ

ある授賞式で12人が卓越した業績を表彰される予定だったが、そのうち2人の名前がリストから漏れていた。事前に関係者が気づかなかったらしい。

見落とされた人たちは何も言わなかったが、問題は発生した。この2人は無視されたように感じたのだ。

今後、彼らの協力を取りつけることは難しいだろう。

Idea 37

# 口論が長引くと、人間は自分の正しさに固執する。

ささいな口論について考えてみよう。

ビルはレッドソックスのクォーターバックが一番だと思い、ジャックはラムズのクォーターバックが一番だと確信している。

二人は自分の正しさを証明するために1時間も口論する。長く口論すればするほど、自分の正しさを証明する記憶をよみがえらせる。

口論は表面的な分析から始まって、やがてパスの成功率、パスを阻止された数、タッチダウンパスの成功率などへと移行する。

その結果、口論は驚くべき結論にいたる。ビルはレッドソックスのクォーターバックが、ジャックはラムズのクォーターバックがそれぞれ一番だとますます確信する。

次の法則を覚えておくといい。

**口論が長引けば長引くほど、互いに自分こそが正しいと確信するようになる。人は自分の見解を弁明させられると、自分の正しさを証明する「根拠」を探し出すのだ。**

# 第4章

# 嫌なことほど、やってみればすぐ終わる

Idea 38

# 成功、富、幸せの邪魔をする恐怖心は、誤解から生まれている。

核戦争が大都市圏の生活におよぼす影響を描いた映画がテレビで放送された翌朝、私は学生たちの反応を調べた。「核爆弾について心配して眠れなかったか？」「映画を見て核兵器廃絶に対する考え方が変わったか？」「核戦争の可能性を恐れるか？」

答えはノーだった。核戦争の可能性とそれが文明におよぼす影響に関心を持ったり心配したりした学生は百人中わずか3人しかいなかった。核戦争は起こりうる最悪の出来事ではあるが、あまり関心事ではなかったようだ。

核による大惨事の映画が放送されたからといって、睡眠薬や精神安定剤の売り上げが伸びたわけでも、自殺者の数が増えたわけでもない。核シェルターの製造が増えたわけでも、缶詰め食品や飲料水の貯蔵用タンクがよく売れるようになったわけでもない。

最近、権威ある医学雑誌に、「アメリカ国内で毎日千人を超える人たちが喫煙に関連する病気で死んでいる」という記事が掲載された。喫煙は早死にの主な原因だというのは厳然たる事実だ。

しかし、喫煙者がタバコをやめているだろうか？　たしかに、ごく少数の人はやめているが、毎日、推定千人以上の若者が、新たにタバコを吸い始めている。

喫煙の害がこれだけ数多く指摘されている現状を考えれば、人々はタバコをやめるためなら何でもしそうなものだが、実際にはそうはならない。「私は大丈夫」「まだ若いから心配する必要はない」「92歳まで生きたヘビースモーカーを知っている」と理屈をこねる。

**私たちが感じる恐怖、たとえば就職で失敗したら、お金で損をしたら、友人が反対したら、といったことはすべて情緒的なものだ。**私たちのやる気を喪失させ、成功と良い生活を阻む恐怖心は、たいてい間違った考え方に根ざしている。

ここで、朗報がある。**私たちはこれらの恐怖心を退治することができるのだ。**言い換えれば、成功、富、幸せの獲得の邪魔をする障害物を乗り越えて勝利をおさめることができる、ということだ。

Idea 39

# 嫌なことを先延ばしにすると重荷になる。やってみると、すぐに終わる。

こんな仕事は消えてしまったらいいのに、と思うことは誰にもあるはずだ。

人生には嫌なことが数多くある。たとえば、新しい見込み客に電話をすることに対する恐怖、信用がないのに借金を申し出ることに対する恐怖、採用される可能性がほとんどない職業に挑戦することに対する恐怖、配偶者と問題について話し合うことに対する恐怖、怒っている顧客に電話をすることに対する恐怖などだ。

ここに重大な事実がある。**嫌なことを先延ばしにすればするほど、それはもっと嫌なことになる。**昇給や転勤、スケジュールの変更など、仕事に関する要求をするのを遅らせれば遅らせるほど、それをしない理由を数多く思いつく。

**物事を先延ばしにすると恐怖心が募る。だが、行動を起こせば、恐怖心は消える。**

ある友人が3年前に眼科医から白内障の手術を受ける必要があると言われた。命にかかわるような大手術でなくても、手術というのは嫌なものだ。そこで彼は3年間、その手術を先延ばしにした。だが、ついに片目が失明寸前の状態になったため、手術を受けて6時間後に帰宅した。そのあと彼は「手術に対する恐怖のために3年間にわたって毎晩少なくとも2時間は眠りが短くなった」と語った。彼が失った睡眠時間は、合計2千時間を超える。行動を起こさなかったことによって、読書をし、テレビを見、自然を楽しむことが3年間にわたって十分にできなかった。必要なことはすぐにするという方針を実践していたら、これだけ多くの時間を心配しながら過ごすことはなかっただろう。

恐れていることをすれば、恐怖心はすぐに消える。上司と問題について話し合うのを恐れているなら、話し合ってみよう。仕事に応募するのを恐れているなら、応募してみよう。デートに誘うことを恐れているなら、誘ってみよう。

スカイダイビングが趣味という友人に「初めてのスカイダイビングに挑戦する勇気をどうやって出したのか？」と尋ねた。

「ふたつのことをしたよ」と彼は答えた。「まずスカイダイビングについて地上で学んだ。次に空中で飛び降りた」

Idea 40

# 他人にどう思われるかより、尊敬している人に認められよう。

誰でも他人から高く評価されたいと思っている。これは人間の基本的欲求だ。着る服を決める、家を装飾する、車を買う、仕事を引き受けるなど、何をするにしても、多くの人はその前に「友人はどう言うだろうか？」「賛成してくれるだろうか？」「陰口をたたかないだろうか？」と自問する。ほとんどの人は、何をするときでも他人を失望させたり怒らせたりすることを恐れる。

他人にどう思われるかという恐怖心を根絶するために、ふたつの提案をしよう。

**①自分のしたいことが道徳的に正しく、法的にも問題がないなら、それをする。**
あなたの人生はあなたのものだ。あなたを批判する友人は本当の友人ではない。あなた

に世間の人と同じように考え、行動してほしいと思っている人たちは、あなたが失敗したりトラブルに巻き込まれたりするのを見て喜ぶだろう。

あなたが、自分と同じものの見方をすることを期待している人たちは、精神的にたいへん不安定な人たちである。

**②自分の最も尊敬している人たちから認められることを目標にする。**

師と仰ぐ人を選ぶ。「他人にどう思われるか?」ではなく「私の知っている最も成功している人は、私が考えていることを認めてくれるだろうか?」と自問しよう。

成功者の考えと行動規範にならって考え、行動することが大切だ。

Idea 41

# 恐怖心を取り除くには準備が必要。自分と相手をよく知ろう。

アメリカ国民は、４年ごとの大統領選挙で、二人の対立候補がディベートをするテレビ番組に釘付けになる。選挙の行方《ゆくえ》は、どちらの候補者が国家の難題をより理解し、よりよい解決策を提示できるかに左右される。

ディベート直前の数日間、どちらの候補者もオフィスにこもって準備に専念する。スタッフの一人は対立候補の役を演じる。ほかの選挙スタッフは記者の役を演じて、実際のディベートで記者たちから聞かれそうな質問をする。

この綿密なリハーサルには目的がある。候補者に自信を与えて、最高の受け答えができるようにすることだ。

国民は、どちらの候補者が自信を持っているかをすぐに感じ取る。国民は大統領を選ぶとき、強くて自信に満ち、信念があって、しかも謙虚な人物を好む。

有権者が求めるのは、さまざまな問題に関する知識が豊富な人物である。準備をしていない候補者を、有権者は支持しない。

**準備をすることは、恐怖心の克服に役立つ。**

ボクシングのチャンピオンは対戦相手と似たタイプのスパーリングパートナーを選んで準備をする。

フットボールのコーチは入念な準備を通じて選手たちの恐怖心を解消し、自信をつけさせる。対戦相手のプレーをビデオで見せ、得意プレーを何度も練習する。

**これは、接戦にもつれ込んだとき、自信が決定的な要素となるからであり、自信は準備から生まれるからだ。**

**準備をすることは就職面接での自信にもつながる。**

何人もの面接官に聞いてみたが、面接を受けにくる人の大半は、恐怖心を抱いている様子を見せるそうだ。

なぜか？

この場合、恐怖心の主な理由は知識の欠如である。

人事を担当している友人が、面接に対する恐怖心を克服するにはどういう準備をすればいいかを教えてくれた。

- 自分が求めている仕事について知り尽くす。
- 自分の能力や性格がその仕事にどれくらい適しているかを知る。
- 会社に関する情報を集めて分析する。

自分が求めている仕事について知れば知るほど、自信があるように映る。
自信があればあるほど、仕事を得られる可能性が高くなる。

Idea 42

# セールスの法則。自信は準備に比例する。

すべての職業の中で最も恐れられているのが、営業や販売の仕事だ。

私の親友ジョン・エバンス氏は世界屈指の営業トレーナーである。彼はこう説明する。

「まず、自分の提供している製品とサービスを知ることが大切だ。どんな質問が飛び出しても答えられるように、十分な準備をしておかなければならない。構造や保証、商品の限界についても知っておく必要がある」

次に、彼はこう話した。

「商品とサービスが見込み客にどう役立つかを知っておくことも大切だ。人間は利己的だ。セールスパーソンが商品説明をしているあいだ、相手は『それが私にどういうメリットがあるのか？』と考えている」

その次に、彼はこう話した。

「自信をつける3つ目の方法は、見込み客を知ることだ。商売は機械相手ではなく人間相手だ。よく知っている人といるときは自信があり、恐怖心を感じない。だから、顧客の利益や性格、個人的な責任、仕事上の責任、家族をもっとよく知っておけば、自信がわいてくる」

さらに彼はこう言った。

「セールスに必要な自信を身につけるには、知識以外のものが要求される。それは練習につぐ練習だ。たとえば、顧客の役を演じる人を相手に商品説明をする練習をするとか、鏡の前で練習をする、もっといいのはビデオで自分の姿を撮ることだ。自分のしぐさをじっくり見て、自分の声を聞き、自分の表情を観察することが大切だ」

**準備をしてセールスに取り組めば、あなたは恐怖心を克服し、自信を身につけることができる。どのような活動においても、自信は準備に比例する。**

Idea 43

# 脳のコンピューターには自分を励ます言葉をインプットしよう。

自分に起こった出来事はすべて記憶の中に保存される。記憶と脳の関係は、保存機能とコンピューターの関係と同じだ。記憶の中には数億個の出来事が保存され、あなたがそれを呼び戻すのを待っている。子ども時代の教育、ほかの子どもとの交友関係、学校での出来事、周りの人とのかかわりなど、あなたに起こったことはすべて記憶の中に保存される。

あなたの記憶にアクセスし、それを利用できる人物は、あなたしかいない。恐怖で頭の中がいっぱいになったり、自信を喪失したり、自分の世界が崩壊しつつあると感じたりしたとき、あなたにはふたつの選択肢がある。

**1** 過去の暗い記憶を呼び戻す。

**2** 勝利の瞬間などの幸せな記憶を呼び戻す。

あなたが挑戦して失敗したこと、提案したアイデアを笑われたこと、目標が高すぎると言われたことなどを思い出したり、恥ずかしい瞬間を記憶の中で再現したりすれば、恐怖心に押しつぶされてしまうことだろう。

しかしその反対に、**ポジティブな選択をすれば、勝利や成功体験などの自信を回復するような記憶を呼び覚まし、周りの人からの励ましや称賛の言葉を思い出すことができる。**

あなたが重要な面接を間近に控えているとしよう。あなたは相手の協力を必要としている。だが、あなたはびくついている。失敗を恐れているからだ。

もし面接の最中に、学校の成績が悪かったことや、言い間違いをしてクラスメートに笑われたこと、仕事に必要な技能を持ち合わせていないことなどを思い出すと、自信は失われる。

だが、もし自信を起こさせるような思い出（友情、成功体験、勝った試合など）を脳のコンピューターに呼び覚まさせるなら、大きな自信になる。

Idea 44

# リスクを避けることより、失敗にどう対処するかが重要だ。

自信がどの程度あるかは、リスクをすすんで受け入れるかどうかによって計られる。恐怖心は、リスクを避けようとする度合いに表れる。

「**冒険をしなければ何も得られない**」という古い格言は、今でも真実である。リスクをとることは成功に不可欠なのだ。空気が生きるうえで不可欠であるのと同じだ。

もしすべての人がリスクを伴わない生活を送ろうと決意したら、どういう事態になるか想像してみよう。

- 競争が激しくて失敗するおそれがあるという理由で、誰も新規事業を立ち上げない。
- 資金を回収できないおそれがあるという理由で、どの投資家もベンチャー企業に投資しない。

■人々が評価してくれないおそれがあるという理由で、どの芸術家も創作活動をしない。

完全に安心するには、銀行に預けているお金を全部引き出し（銀行がつぶれるおそれがある）、食料を備蓄し（核戦争が勃発するおそれがある）、車の運転をやめる（事故に遭うおそれがある）必要がある。

人々がリスクを完全に避けようとすると、誰も就職せず（仕事が得られないおそれがある）、デートに誘わず（断られるおそれがある）、会議で話をせず（笑われるおそれがある）、注文を取らない（見込み客がノーと言うおそれがある）という事態が発生する。

成功をめざす人はリスクを冒し、時にはそれが結果的に損失となることもある。投資家は判断ミスをすることがあるし、ショッピングセンターやオフィスビルを建設する人は大損をすることがある。油田を開発しようとしても、大半は徒労に終わる。毎年、完璧なシーズンに恵まれるフットボールの監督はいない。演奏ミスをしない音楽家はいない。

**リスクを避けることよりも、むしろ失敗にどう対処するかのほうが重要だ。**

Idea 45

# 権威者たちは、相手を萎縮させるコツを知っている。

多くの人は一対一の状況にかなりの苦手意識を持っている。会話の前には不安を、会話中には恐怖心を、会話のあとでは十分に主張できなかったという理由で後悔を感じている。

人々は権威者との会話でみじめな失敗をすることがよくある。

ジャックは1週間ずっと遅刻したことで校長室に呼ばれている。しかし、恐ろしさのあまり、母親の仕事のスケジュールが変更になったために幼い妹の面倒を自分で見なければならないという事情を説明できない。

ベティは仕事の面接でひどく緊張してしまい、仕事上の業績を話すことができない。

ポールは会社の運営について立派なアイデアを持っている。しかし、上司におじけづいてしまい、提案を求められたときにそれを忘れてしまう。

ここで心に留めておくべきことがある。**権威者はたいてい他人を萎縮させるコツを身につけているのだ。**相手をおじけづかせる方法を学ぶというのも考えものだが、あなたは対抗策があることを知っておかなければならない。

**1** 「私たちはこれから大切なことについて話し合うから、共通の目標にフォーカスする必要がある」と自分に言い聞かせる。

**2** 「相手は神様ではなく同じ人間だ」と自分に言い聞かせる。たとえ重要人物でも、心配事や欲求不満、子どもの問題、夫婦の問題、金銭問題を抱えて悩んでいる。

あなたが権威者を恐れているのと同じように、権威者もあなたを恐れているかもしれない。上司があなたにどう思われるかを気にしているのと同じように、上司もそのまた上司にどう思われるかを気にしている。

組織内のあらゆるレベルの人がびくついているのは不幸なことだが事実だ。**人々は違っている部分より似ている部分のほうが多いものだ。**

Idea 46

# 他人は外見であなたを判断する。状況に合った服装をすると得をする。

自信をつけて恐怖心を克服する確実な方法は、自信のある顔つきをすることだ。自信のある顔つきをしていると自信を感じ、自信があることを相手に伝えることができる。相手はすぐにそれを察知し、あなたに敬意を抱くようになる。

製品やパッケージの外観はマーケティングで大きな要素となる。企業は消費者にアピールするために製品やパッケージのデザインに年間合計2千億ドル以上も費やしている。車を買うとき、多くの人はエンジンを見ない。大切なのはデザインだ。食品を買うとき、ほとんどの人は原材料を見ない。買う気にさせるのはラベルのデザインだ。

**仕事をオファーするかどうか、デートを申し込むかどうか、商品を買うかどうかを決定するとき、あなたの外見が相手の決定を無意識に左右する。**

人々は本を表紙で判断する。本を開いて数ページ読めば意見を変えるかもしれない。しかし、著者を知っている場合は別として、興味をそそる表紙でないなら、人々は最初から本を開こうとしない。

**状況に合った服装をすることは、あなたの「商品価値」を高める。**

職場であれ人前であれ、人々はあなたの約1割しか見ていない。男性の体の9割がスーツやシャツ、靴下、靴などに覆われている。女性の体の9割がドレスやブラウス、ストッキング、靴などに覆われている。

自分をどんな「パッケージ」で覆うかは、自分に対する姿勢にじかに影響をおよぼす。それはまた他人のあなたに対する姿勢にも影響をおよぼす。「この人は立派に見えるから、立派に違いない」とか、逆に、「あの人は気取っているように見えるから、気取り屋に違いない」といった具合だ。

ある営業部長が部下にこんなアドバイスをしているのを聞いたことがある。

「**自分が着ているものを忘れるくらい、その場にぴったり合った服装を心がけよう。諸君の仕事は顧客をどう満足させるかに全神経を集中することだ。自分の服装が気がかりになれば、エネルギーの一部がそがれてしまう**」

Idea 47

# 隠し事と恐怖心は目で伝わる。信頼と自信も目でわかる。

身体の中で覆うことのできない部分、すなわち顔と目は自信とどんな関係があるのだろうか？　説明しよう。

**自信を相手に伝える確実な方法は、とにかく微笑むことだ。**ためしに、心から微笑みながら相手を恐れてみよう。できないはずだ。心配したり怒ったりすることもできないはずだ。

25年間、私はチャールズ・W氏と親しくしてきた。印刷屋として成功した彼は、じつによく笑う人物だ。納期を「不可能」な期日に設定されても、チャールズは笑っている。問題を前にして従業員たちが不安がっているときも、彼は微笑んでいる。

「普通なら笑う要素を見出せないときでも、微笑みを絶やさないのは立派だ」と私はチャールズをほめたことがある。すると、彼は笑みを浮かべてこう言った。「どうもありがとう。私は何があっても微笑むように自分に言い聞かせている。そうすると気分がよくなるし、相手も心を開いてくれるからだ。相手は怒っていたり心配したりしていても、私の笑顔を見ていると気分をよくしてくれるんだよ」

このとき、目はふたつの方法で役立てることができる。

第一に、**相手の目を見て「私は自信を持っている」という気持ちが伝わる**ことだ。何かを言ったり頼み事をしたりするときに相手の目を見ないなら、相手はあなたが隠し事をしている、うそをついている、弱虫だ、怖がっていると思う。

しかし、ただ相手の目を見るだけではいけない。もうひとつは、**目で「言う」**ことだ。**目は、心を映し出す鏡である。**目は常に自分が感じていることを正直に語る。目はいつでも、愛情や反感、憎しみ、恐怖などあらゆる感情を表現することができる。

こんな実験をすれば、それがはっきりわかる。友人の目を見て、2、3秒、「君を信頼している」と心の中で言い、友人に「私の目はどう言っていたか？」と尋ねてみよう。友人は「私のことを信頼していると言っていた」と答えるはずだ。次に、表情を変えずに、憎しみと怒りの気持ちで友人の目を見よう。もう一度、友人に「私の目はどう言っていたか？」と尋ねてみよう。友人は「私のことが嫌いだと言っていた」と答えるはずだ。

Idea 48

# 失敗を避けることはできない。失敗を通して成長することはできる。

現在、航空機は最も安全な輸送手段である。すべての航空機事故（「失敗」）の原因と対策が徹底的に究明されているからだ。空の旅は今では安全になり、1500キロメートルの飛行距離につきわずか一人の死者が出ているにすぎない。民間機の安全性はどれくらいか知っているだろうか？　時速千キロの飛行機に千年以上乗らなければ飛行機事故には遭遇しないのだ。

今日では危険なのは飛行機ではなく、むしろ空港への行き帰りだ。なにしろ、飛行機事故よりも自動車事故で死亡する確率のほうが1562倍も高いのだ。

医学の進歩が目覚ましいのは、医者が患者の死を敗北（「失敗」）とみなして教訓を学んできたからだ。一世代前、心臓バイパス手術はあまりにもリスクが大きかったため、あくまでも最終手段とされてきた。だが、医者は過去の失敗から学び、今では1日に数件の心臓バイパス手術をおこなう外科医もいるほどだ。

火事は悲劇的な出来事である。だが、調査員が原因を究明することで同様の出来事の繰り返しを防止する建築基準ができあがる。

**成功の秘訣は、失敗を避けることではなく、失敗を通して成長することだ。**

失敗は常に教訓を秘めている。幼い子どもは何十回も転んで歩くことを覚える。どんな偉大な役者も常に名演技ができるようになるまでには何度も本番で失敗している。また、どんな立派な経営者も大失敗を何十回と犯している。誰でもミスを犯す。しかし、自分の失敗や挫折、間違いをどう見るかが、成功者と凡人の分かれ目になる。

成功と自信のカギは事後の分析だ。具体的には、失敗のあとで次のふたつの質問をすることだ。

**1 何がよくなかったのか？** すべての失敗は説明できる。

**2 よくなかった点をどうすれば是正できるか？** どんな問題にも新しいやり方が常に存在する。

# 第5章

# すべて
# うまくいっている人は、
# 気前がいい

Idea 49

# 期待より少し多めに与えよう。それが相手の好意を得る秘訣。

**成功者は気前がいい。彼らは期待されている以上のものを与える。**そして、与えれば与えるほど多くのものが手に入る。しかもそれは成功や財産、幸福につながっている。

私が少年のころ、父が近くの小さな町でトウモロコシを売っていた。私は物心がつくと、トウモロコシの粒を1ダースずつ袋に詰める仕事を父から任された。とても誇らしい気持ちだった。まだ5歳だったとはいえ、なんらかの貢献をしているように感じたからだ。私は指示されたとおり、どの袋にもぴったり12粒ずつ詰めた。

父はいくつかの袋を点検したあと、かごに戻って粒を取り出し、どの袋にも1粒ずつ追加した。私はそれを見て腹を立て、「1ダースは12という意味だろ。でも父さんが余計なことをするから13粒になったじゃないか。それじゃ1粒多いよ」と抗議した。1粒あたりの値段は1セントだったが、当時の私にとって1セントは大金だったのだ。

父は笑顔で「いいかい、トウモロコシを売るときは、1ダースは13と考えるんだ。いいトウモロコシしか売り物にならないから、もう1粒多めに入れておくのさ。**お客さんに損をしたとは感じてほしくないからね**」と説明した。

私は商品を売る際に多めに数える商法の実例をほかにも見てきた。子どものころ、農業を営んでいたわが家は、数百キロ離れた孵化場からひよこを買っていた。孵化場はひよこを100羽単位で箱に入れて送ってきた。ひよこが到着すると、その数を数えるのは私の仕事だった。注文したのは100羽だったが、箱にはいつも108羽ほど入っていた。数羽が病気かもしれないので、多めに入れておいたようだ。この孵化場が実践していた商法は、顧客を維持し、苦情を避け、事業を繁栄させるための素晴らしい方法だった。

数年後、「1ダースは13」という考え方は、一部のパン屋でも実践されていることを知った。量が少ないという苦情を避けるために増量するようになった「パン屋の1ダース」という習慣は、こうして生まれたのだ。

**少し多めに与えれば好かれる。少なめに与えれば、相手に憎まれる。**誰でも交渉よりも多くのものを手に入れることを好む。損をしたいと思う人は一人もいない。払ったよりも少ないものしか手に入らなければ、あなたは怒り、相手の悪口を言いたくなるはずだ。

Idea 50

# 成功する人は足し算をし、愚かな人は引き算をする。

キャンディー・ショップに行って500グラム分のキャンディーを注文したとする。店員はキャンディーを多めにつかんでハカリに載せ、1個ずつ取り除いてちょうど500グラムになるように調整する。

客はそれを見て損をしたような気分になるはずだ。客は心の中では、店員が最初に多めにつかんだキャンディーが自分のものだと思っている。ところが店員がその一部を取り除いたために、客にしてみれば自分のキャンディーが減ったように感じるのだ。

**利口な店員は加算方式を使う。** つまり、少なめの分量のキャンディーをハカリに載せて、次に目盛りが500グラムを指すまでキャンディーを何個か加える。客はキャンディーを多めにもらったように錯覚するから気分よく感じる。

どちらのやり方でも同じ500グラムだが、分量を調整する仕方が大きな違いを生む。

最近、魚介類売り場でエビを500グラム注文する女性を見た。店員は不注意にも1キロ近くのエビをハカリに載せ、分量を減らし始めた。エビがちょうど500グラムにまで減ったとき、その女性は怒って「やっぱりやめておくわ」と言い、そっぽを向いた。

事業を成功させる人は、売り上げを伸ばすために独自の加算方式を追求する。たとえば雑誌の定期購読をすれば電卓が無料でついてくる、というのがその実例だ。**人々は払ったお金で期待以上のものを手に入れられるなら、喜んで買い物をする。**

にもかかわらず、多くの企業や商店は、ごまかすことが成功の秘訣だと信じている。実在しない商品を破格の安値で売っていると宣伝し、顧客に高額商品を買わせる店がよくあることは周知のとおりだ。加算方式は、人生のあらゆる局面で使うことができる。

- 雇用者に期待されている以上の仕事をすれば、昇給と昇進の可能性が高まる。
- 学校で与えられた課題を超える努力をすれば、よりよい成績が収められる。
- 子どもと一緒に過ごして愛情を注げば、子どもは親の言うことをよく聞く。
- 駐車場の係員に敬意を表すれば、車をていねいに取り扱ってもらえる。

Idea 51

# 全力を尽くして働けば、誰であれ成果をあげることができる。

学校を中退した人は、世間一般的にあまりいい印象を持たれないことが多い。非行に走ったり、家で引きこもったりして、すさんだ生活を送るようになるというイメージがあるのかもしれない。

しかしながら、言うまでもなく、このように決めつけることは多くの若者にとって有害であり、社会全体にとっても好ましいことではない。

私がジミー・Pに会ったのは4年前だ。12月の寒い朝、彼はわが家を訪ねてきた。年齢は15歳前後、身長は165センチくらい、かなりやせ細っていた。

彼はていねいな口調で「おはようございます」とあいさつをし、こう言った。

「はじめまして。仕事を探しています。さっき気がついたのですが、裏庭に薪《まき》がたくさんありました。でも、大きすぎて暖炉に入りませんよね。もっと寒くなったら暖炉にくべることができるように、あの薪を適当な大きさに割らせてください」

私は「それはいいのだが、私は斧《おの》も楔《くさび》も持っていないよ」と答えた。

「それなら問題ありません。どちらも持ってきていますから」と彼は言った。見ると、彼の自転車のフレームに斧と楔がくくりつけられていた（この少年は私と取引することを予想していたのだ。何かを売ろうとするなら、受注することを想定しておくべきだ）。

「料金はどれくらいかね？」と私は尋ねた。

「1時間5ドルです」と彼は答えた。

「それは普通よりもかなり高いようだね」と私は反論した。

「わかっています」と彼は言った。「けれど、僕はがんばります。最善を尽くすつもりです」

少年が「がんばります」と主張するので、私は彼に薪割りの仕事をまかせることにした。心の中ではそれだけたくさんのお金を払うだけの値打ちがないことはわかっていたが、私は少年が気に入ったし、助けるつもりで同意したのだ。

少年は薪割りに取り組み、私のオフィスに報告に来た。薪割りは少なくとも4時間はかかると思っていたが、2時間もしないうちに少年はオフィスのベルを鳴らした。「シュワルツ先生」と少年は言った。「薪を割って積んでおきました。芝生の刈り入れもさせてもらえませんか？」

私は少年があまりにも素早く薪割りを終えたことに驚いたので、「それじゃあ、よろしく頼む」と言った。

それから5年間、ジミーはわが家のありとあらゆる雑用をしてくれた。同時に、ほとんどの人がやりたがらないドブ掃除やゴミ拾い、壁洗い、芝生の刈り入れのような雑用をして、近所に顧客を数多く抱えるようになった。

ある日、私はジミーに学校に行かない理由を尋ねた。すると、あっけらかんとしてこう答えた。

「学校で教わることに飽き飽きしたんです。僕にはなんの足しにもなりませんから。僕は自分の手を使って働きたいんです。僕は変化に富んだ仕事が好きで、自営業が向いていると思っています。また、祖母と二人暮らしなのですが、祖母は体調がすぐれないので、僕がお金を稼がなければならないのです。稼いだ分の半分は祖母に、残りの半分はほとんど貯金しています」

ジミーは20歳になった今も私のもとで働いている。16歳になる二人の助手とともに仕事をし、増加の一途をたどる顧客に奉仕するために1台のトラックと数台の芝刈り機などの道具を所有している。私はジミーの事業が発展するのを心から嬉しく思っている。

ジミーには大きな目標がある。彼は数年来、ライダーたちが自分の技術を試し、オートバイを楽しむことができる場所をいつか持ちたいと言ってきた。そしてついに先週、郊外に約200メートル四方の土地を見つけ、その頭金を払った。

ジミーはまだ20歳になったばかりだ。この調子だと30歳までには億万長者になることだろう。

**ジミーは与えるべきものを持ち、それを人々に与えているのだ。**

もちろん、新たな時代には高度な訓練を受けたエンジニア、建築家、医師、コンピューターの専門家、科学者が必要だ。そのためには、学校に通い、学ぶ必要がある。

しかし、誰もがこうした仕事に向いているわけではない。

本人がやりたいと思えない仕事を強いることは、愚かである以上に、残酷であり、近視眼的であり、理不尽であるといえよう。

Idea 52

# 大切な人に心のこもった5つの贈り物をしよう。

よい贈り物は真心から生まれる。「私はあなたのことを大切な人だと思っています。私はあなたの友人だ」という気持ちだ。

**よい贈り物となるかどうかは、お金の問題ではなく真心の問題だ。**

## ① 相手を気遣う電話をかける

不動産会社の社長が、約３００ある販売店の意欲を常にかきたてるための贈り物として電話を使っていることを話してくれた。

「毎週水曜日を、私は丸１日割いて約50人の店長に電話をかけます。マーケティング戦略や販売実績について話し合うためではありません。電話の目的は、販売店に好意を伝えることが目的です。私が各販売店を誇りに思っていること、社員の健康状態はどうか、家族はどうかなどについて話をします。どの販売店にも年7回か8回、電話をするようにしています。これは心の通ったビジネスにするための素晴らしい方法だと思っています」

電話かけを実践しよう。それは、相手の業績をたたえる便利な方法だ。また、相手を大切に思う気持ちを伝える素晴らしい方法でもある。

知人が昇進や転職、受賞、出産などを経験したら、お祝いの電話をかけよう。相手はあなたのことをずっと記憶にとどめてくれるに違いない。

## ②一緒に時間を過ごす

親が一緒にいてくれないと、子どもは疑問に思うものだ。「どうしてお父さん（お母さん）は仕事に行ったりパーティーや会合に出かけたりする時間があるのに、僕（私）と一緒に過ごしてくれないのだろう？」「ほかの親は少年野球の試合を見にくるのに、お父さん（お母さん）は僕を球場の前で降ろして、試合が終われば車に乗せるだけだ」「お父さん（お母さん）は僕（私）と話すとき、別の人のことを考えている」といった具合だ。

子どもはあなたの時間と愛情という「贈り物」を必要としている。これは配偶者もそうだし、高齢の親もそうだ。

あなたはどうやってその時間を見つけるか。まず、どちらが重要かを決定することだ。あなたを必要としている人に時間を与えるか、自分だけが楽しむ娯楽に興じるか。

次に、仕事とほかの活動を注意深く調整し、あなたの思いやりを必要としている人のために時間を割くことだ。そして、愛する人が最優先だということに気づくことだ。

## ③ 手書きの手紙を送る

最近、年商10億ドルの企業のオーナーをしている友人のオフィスに行った。この人物は大金持ちだからオフィスの壁に高価な芸術品を飾ることもできたはずだが、有名ゴルファーや上院議員、牧師などの手書きの手紙と孫たちが描いた絵が額縁に入れて飾られていた。「これらの手紙と絵は、いつまでも心に留めておきたい大切なものだ」と彼は言う。

人々は手書きの手紙を受け取ると感動する。「私はあなたのことを大切に思っているから、時間を割いてそれを伝えたい」という気持ちが相手に伝わるからだ。手書きの手紙を送ることは、相手の昇進や受賞、出産、卒業などを祝うための素晴らしい方法なのだ。

ただし、挨拶状が威力を発揮するのは、個人的なメッセージを書いた場合に限られる。自分の名前を印刷したハガキを送る人もいるが、受け取った人の多くはこういう形式的なものにはがっかりする。あまりにも人間味がなく、効率優先で機械的な印象を与えるからだ。「私のパソコンにはあなたの名前が入力されていて、あなたにこのハガキを送るように設定されている」と言っているのと同じなのだ。私は手書きの文章が書かれていない招待状を受け取ると、思わずそれを捨てたくなることがある。

「わざわざ手書きで文章を書いている時間的余裕がない」などという言い訳をしてはいけない。どういう職業の人でも、本当に重要な地位に就いている人は、「支援してくれてありがとう」とか「また、ぜひお会いしたい」という文章を書く時間を捻出する。近年の大統領はみな、手紙やハガキを毎週のように書いた。なぜか？　手書きの文章を書いて送ることは、応援してくれる人たちの支持を取りつけるうえで有効な方法だからだ。

## ④ 相手の話を聞く

どんなに前向きな人でも落ち込んだり傷ついたりすることがある。職場でうまくいかないことがあったり、10代の子どもが問題を起こしたり、結婚生活が破綻しかけていたり、恋愛が破局寸前の状態だったりするからだ。周囲の人が落ち込んでいたら、その人の話を聞いてあげよう。相手の話に耳を傾けるということは、理解と同情と支援という「贈り物」をすることだ。

アドバイスをしたり、本人に代わって問題解決をしたりする必要はない。ただ聞くだけでいいのだ。その際、「私ならこうする」とか「こうしたらいい」と言いたくなる気持ちを抑えよう。聞くというのは、相手に自分が抱えている問題について話をさせて楽にさせることを意味する。

人に科せられる最悪の処罰は、会話の楽しみを奪うことだ。単身世帯が増加の一途をたどり、現代人はますます孤独になっている。聞き役に徹して相手の話をじっくり聞いてあげることは、今まで以上に大切な「贈り物」だと言える。

## ⑤ 自分の一部を与える

親や祖父母が子どもや孫から受け取って最も喜ぶ贈り物は、お店で買った商品ではなく、子どもや孫が自分の時間と才能を使ってつくった絵やマフラーなどだ。

思想家のエマーソンが「**最も素晴らしい贈り物は、自分の一部を与えることだ**」と言っているとおりだ。自分の一部を与えるとき、あなたは相手に対する愛情を表現し、相手のことを心から大切に思っていることを証明する。

本やお皿、絵画など、大切にしている所有物を与えるとき、あなたは自分の一部を与えていることになる。その贈り物はきっと喜ばれるはずだ。

Idea 53

# 助けを求めているときに、批評家は必要ない。

最近、旧友のジョン・Rに会った。彼は公立学校で心理カウンセラーを務めている。「知的障害児に最も必要なのは何か？」とジョンに聞いたところ、彼はこう答えた。

「最も必要なのは、家族の支えか支援者の支えだ。**カウンセラーが役に立つのは、患者が家庭で強くて前向きな励ましを受けている場合に限られる。**患者が家庭で励まされているなら、私は役に立つことができるが、助けを必要としている人の大半が家庭でひどいことを言われている。その場合、私は役に立つことができない」

ジョンは、17歳のJ少年と16歳のB少年の例を紹介してくれた。

「J少年の場合、両親も兄弟も彼を厄介者のように扱うため、彼は自分が家族の邪魔になっていると感じている。家庭訪問をしたとき、家族がJ少年を愛していないことはすぐにわかった。本人もそのことを感じ取っている。周囲がどういう姿勢で自分に接しているかは、誰でも直感的にわかるものだ。犬や猫ですらそれがわかるくらいだ」

「カウンセリングが必要なのは少年よりも両親のほうだね」と私が言うとジョンは笑った。

「では、B少年の家族が彼をどのように支えているかについて話そう。B少年は、私がカウンセリングをした中で最も幸せな子どもの一人だ。彼の家に行くと、両親と二人の兄弟たちと一緒に幸せそうに過ごしていたよ。B少年には役割が与えられていた。テーブルや椅子の掃除とか、そういった雑用をする。その理由について、母親は『(車椅子に座っているB少年が)テーブルや椅子に最も近いから』とジョークを言っていた」

ジョンは話を続けた。

「数年後、B少年はなんらかの仕事に就くことができるだろう。ほかの人と同じようにはなれないが、それでも幸せだ。しかし、J少年は違う。彼の場合、お金になる仕事で、ぴったり合う職場に勤められる可能性はゼロに近い。どのような障害を克服するにも、人間は、自分のことを心から大切に思ってくれる人の支えを必要としている」

私はジョンのこの言葉の意味をじっくり考えた。人は誰でも自分を支えてくれる家族や支援者を必要としている。**あなたが助けを必要としているときは、自分を支えてくれる人を探そう。あなたに必要なのは、手を差し伸べてくれる人だ。**

Idea 54

# 「自分はつまらない人間だ」と思っている人を、尊敬する人はいない。

すべてがうまくいっている人の生き方の原則を教えよう。毎日、それについて考え、何事にもそれを適用しよう。

その原則とは、「**自分を尊敬している度合いに比例して、人々はあなたを尊敬する**」ということだ。

もしあなたが「自分は立派な人間だ」と思っているなら、他人もあなたに敬意を抱く。だが、もしあなたが「自分はつまらない人間だ」と思っているなら、他人はあなたに敬意を抱かない。あなたは誰からも尊敬されない、つまらない人間の仲間入りをすることになる。

**自尊心の根源はたったひとつしかない。それは自我だ。**

アルコール依存症やホームレスの人には誰でも同情を感じるだろう。だが、私たちはそういう不幸な人たちに敬意を抱かない。なぜなら、彼らは自分に敬意を抱いていないからである。

約2400年前、ギリシャの賢人ミネイウスは「**立派な人は、心の狭さや自尊心の欠如とは無縁である**」と言った。私たちは、他人をけなす人や下品な言葉を使う人を尊敬しない（英単語は68万語もあるのに、なぜわざわざ下品な言葉を選ぶのだろうか？）。そういう人の言動を見れば、明らかに自尊心が欠如していることがわかる。

自尊心が欠如する原因は、ネガティブな環境である。誰でも、肉体的・精神的な虐待を受けると自尊心を失う。また、こき下ろされたり、ほかの人と不当な比較をされたりしても、ほぼ確実に自尊心を失う。子どもは親に「もっといい成績がとれないの？」「あなたがそういう行動をとると、私が恥をかく」などと言われると、確実に自尊心を失い、トラブルを起こすような行動をとる。

Idea 55

# 不当な扱いを受けたときは、礼儀正しく、断固として抗議しよう。

**不当な扱いを受けたときは、礼儀正しく、しかし断固として抗議すべきだ。**他人をいじめる人間には、どういう扱いが嫌なのかをはっきり言おう。**あなたが自分に敬意を持つとき、他人もあなたに敬意を持つ。**このことを忘れてはいけない。

ジョン・Tという若い役員は、自尊心の危機に直面するくらいまでこき下ろされたあとで立ち直り、かなり尊敬されるようになるまでの話をしてくれた。

「以前、運輸会社の経理副部長に就きました。自分に自信がないことは承知していました。私はまだ若くて経験も乏しかったですし、困ったことに言語障害だったのです。社長は暴君で、まもなくこの社長に週の定例会議でこき下ろされるようになりました。

会議の前夜、私はずっと考えました。そして、自分の仕事が何かを知り、しっかり働いているのだから、もうこれ以上、社長のひどい扱いを我慢しないと決意したのです。

次の会議で社長は言語障害を話題にして私をからかいました。さらにその数分後、私の報告書の中にあった小さなミスをあげつらいました。

会議が終わるとすぐに私は社長と会い、こう言いました。『この半年間、私はあなたの屈辱的な言動にずっと耐えてきました。あなたがなぜそういうことをするのか、私には理解できません。私はこの仕事をするだけの能力があると思っています。そうでなければ、あなたは私を雇わなかったはずです。私はまた、自分がしっかり仕事をしていると思っています。そうでなければ、あなたは私を解雇しているはずです。私は自分に誇りを持っていますから、もうこれ以上、こんな扱いには耐えられません。これで辞めます』」

「それでどうなりましたか？」と私は尋ねた。

「そのあと」とジョンは話を続けた。「私が荷物をまとめ始めると、5分もせずに社長が来て謝罪をし、『お願いだから会社にとどまってほしい』と言ったのです。私は会社にとどまりました。次の会議で社長は謙虚に反省の意を表明し、自分の言動についてほかの管理職にも誠意を持って謝罪しました。以来、社長は私に敬意を持って接するようになりました。これは9カ月前の出来事ですが、すでに私はかなり上の地位にまで昇進しました」

Idea 56

# あなたと同じ個性を持つ人は、どこにも存在しないし、これからも生まれない。

仕事や家庭のことでうまくいかないとき、自分に誇りを持てなくなり、プレッシャーに押しつぶされてくじけそうになる。自尊心が崩れかけているように感じるときは、次のことを思い出すといい。

**① あなたは独特の個性を持った存在だ。**

あなたと同じ指紋や声、体格などを持っている人は一人もいない。もっと大切なのは、あなたと同じ心を持った人も一人もいないということだ。あなたはこの地球上の数十億人の誰とも違う。また、これまでに地球上に存在した数兆人の誰とも違うし、これから生まれてくる数兆人の誰とも違う。

## ②あなたは必要とされている存在だ。

あなたは自分の身の回りのことだけをするために生まれてきたのではない。配偶者や子ども、親、きょうだい、従業員、顧客、近所の人、友人、知人などがあなたを必要としている。あなたの友情や愛情、支援、指導、才能は分かち合うためにある。

## ③あなたは模範を示すべき存在だ。

誰もが自分が知っている以上に人から真似されている。あなたの態度や習慣、意見は、ほかの人たちの模範にならなければならない。他人に教えることに誇りを持つうえで、自尊心を持つことは重要な模範となる。

# 第6章

# 魔法の言葉で、仲間を増やそう

Idea 57

# 具体的なアドバイスでないと、相手はやる気を出さない。

**成果をあげる原理をよく学んでおこう。その原理とは、相手にやる気を出させる度合いに応じて私たちの成果はあがる、ということだ。**

たとえば、セールスパーソンなら、相手に買うように説得するのが仕事だ。ほかにも、子どもに宿題をさせる、気難しい人と面会の予約を取りつける、従業員に最大限の努力をさせる、他人に商品やアイデアを買ってもらう。これらのことを成功させるには、相手にやる気を出させるコツを身につける必要がある。

繁栄を享受する方法については、さまざまなアドバイスが飛び交っている。そのほとんどが、「あなたはこうすべきだ」という言い方でなされる。

問題は、「あなたはこうすべきだ」と他人にアドバイスしている人たち自身が、その具体的な方法を示そうとしないことだ。

ある「専門家」が億万長者になる方法を聞かれ、「銀行に毎週10万ドルずつ10週間預金すれば、億万長者になれる」と答えた。そこで、質問者は「でも毎週10万ドルをどうやって手に入れればいいのですか?」と尋ねた。すると、専門家は「それは君が解決すべき問題だ。私は一般的な戦略を教えたまでで、具体的なことについては自分でなんとかしなさい」と答えた。

**人々に全力を尽くさせるためには、具体的なアドバイスが必要になる。**大きな戦略だけでは不十分だ。**他人に立派な仕事をしてもらうには、あなた自身がその方法を示さなければならない。**たとえば次のようなことがそうだ。

- 牧師が人々にドラッグの誘惑に屈してはいけないと説得するとき、その方法を段階的に示せば効果的だ。
- 親が子どもに「もっといい成績をとれるはずだ」と言うことはたやすい。だが、勉強の仕方を具体的に説明して成績アップの方法を教えれば、子どもの成績は確実に上がる。
- フットボールのコーチがパスをレシーブする方法を示すなら、「もっと頑張れ」と発破をかけるよりも選手の技術ははるかに向上する。

Idea 58

# 「ほめ言葉」をうまく使える人は、ほしいものが手に入る。

人は誰でもほめられたいと思っている。ほめられると、自尊心が満たされるからだ。**心のこもったほめ言葉を贈ることは、相手のことを大切に思い、人間として認めていることの証しであり、相手にやる気を出させてあなたの影響力を拡大するための素晴らしい方法だ。**

他人をほめることは、ほしいものを手に入れるのに役立つ。具体的に説明しよう。

## ①　相手の「すてきなところ」をほめる

私はある小さな店でコーヒー豆をよく買うのだが、そこの経営者は外国生まれの70代の女性だ。ある日、その女性のヘアスタイルが以前と違っていたことに気づいたので、私は

「よくお似合いですよ」と言った。彼女はまるで10代の少女のように頬を赤らめながらお礼を言った。

自分に対してかなりの自信を持っている人は、めったにいない。ほとんどの人が自分についてなんらかの不満を抱いている。だからこそ、他人に温かい言葉をかける必要があるのだ。元手いらずだが、相手には大きな励みになる。しかも、あなた自身も気分がよくなる。

人々が自分磨きに励むのは、もちろん自分自身のためということもあるだろうが、本音では「かっこいいですね」とか「おしゃれですね」と言われたいからだ。相手のすてきなところをほめれば、相手はあなたのほめ言葉を何日間も、場合によっては何週間も覚えていてくれる。

なぜ人々は毛皮のコートを買うのか？　テキサスで毛皮を売っている友人が、興味深い事実を教えてくれた。「毛皮を購入するのは裕福な人だけではありません。実際、5千ドル以上もする毛皮を購入する客の半数以上は、分割払いで買っています」

彼はさらに話を続けた。「テキサスの人は年に10回ほど毛皮を着ます。もし同じ毛皮を

5年間着るとすれば、1回につき100ドルかかる計算になります」
「1回につき100ドルというのは大金ですね」と私は言った。「その人たちが生活に不要な商品を買いたがる理由は何なのでしょうね？」（テキサスは南部の州だから、1月の中旬でも気温が30度くらいになる）
「ふたつあります」と彼は言った。「ひとつは、羨望《せんぼう》の的になりたいから。もうひとつは、称賛されたいからです」

## ② 相手の家族をほめる

ほとんどの人にとって最大の関心事は自分の家族だ。家族は人々にとって誇りの最大の源でもある。

「息子さんの学校生活はいかがですか？」

「ご主人が昇進されたそうで何よりですね」

「奥さんのお仕事は順調にいっているそうですね」

以上のような簡単なコメントが、相手の家族に対するいたわりの気持ちを伝える。

ここでひと言。相手の家族をほめるのはいいが、ついでに自分の家族を自慢してはいけない。相手はしらけてしまい、あなたのほめ言葉から喜びと満足感が得られなくなる。人間は相手の素晴らしい点よりも、自分の素晴らしい点を聞きたがるものだ。

## ③他人の成果を認める

人々がなんらかの成果をあげる主な動機は、他人から好意的な評価を得たいという願望だ。

人は誰でも、自分がしたことをほめてもらいたいと思っている。努力して新しい顧客を獲得したセールスパーソンは、その成果を人に認めてもらうだけの価値があるし、それを必要としている。ファインプレーをしたスポーツ選手は、称賛の声を聞きたがっている。複雑なシステムをシンプルにすることに成功したコンピューター・プログラマーは、自分の仕事を評価してもらいたがっている。

成果には大きいものも小さいものもある。赤ん坊が初めて歩く、学生が「優」の評価を得る、社員が役員に選出されるなど、さまざまだ。しかし、１００万ドルに値する成果であれ、予定どおり3時間で工事を終えるという簡単な作業であれ、ほめられるだけの価値はある。ほめることは、相手にやる気を出させる効果抜群の「薬」だ。それは、「あなたはいい仕事をした。今後もその調子で頑張ってほしい」というメッセージである。だから、誰かがいいことをしたら、大いにそれをほめよう。口頭でも文書でもいい。相手はそれに感謝し、あなたは影響力を増すことになる。

## ④ 相手の所有物をほめる

人々が家や自家用車、家具などを買う理由はふたつある。ひとつはそれを必要としているからだが、もうひとつは称賛されたいからだ。周囲の人の羨望の的になりたいという気持ちも混じっているかもしれない。

だから、あらゆる機会に他人の所有物に注目して、ほめよう。たとえば、「かっこいい車ですね。あなたにぴったり合っていますよ」「とてもきれいな部屋ですね」「その時計は本当に素敵ですね」といった具合だ。

## ⑤ 相手のアイデアをほめる

他人の頭脳の力を借りる最高の方法は、あらゆる機会に相手をほめることだ。

「私はあなたの判断力を高く評価しています。ぜひご意見を聞かせてください」

「あなたがこの種の問題で経験豊かであることを知っています。どうすればいいでしょうか？」

「あなたが同様の状況で素晴らしい仕事をしたことを、私は覚えています。いいアイデアはありませんか？」

こういった具合だ。

ほとんどの人は「自分は頭がいい」とはめったに感じていない。自分には知性があると思いたいという、すべての人が抱いている欲求に訴えれば、あなたの影響力は増大する。

これこそが人々にやる気を出させる最高の方法であり、しかもコストがかからない。

## ⑥ 相手の努力をほめる

営業のプレゼンテーションやスポーツのプレー、赤ん坊のよちよち歩きなど、どの活動でも挫折は付き物だ。選挙に出馬する候補者の大半は落選する。就職試験の志願者の大半は「ノー」と言われる。コンテストに参加した出場者の大半は敗退する。

しかし、たとえ成功しなくても、努力したことはほめてもらう価値がある。

すべての子どもが学校でオール5をもらえるわけではないから、いくつかの教科で「3」しかもらえなかった子どもは、家に帰ったときに叱責と怒号ではなく理解と激励を必要としている。

スランプに陥っているセールスパーソンは、誠実に努力したことに対するねぎらいの言葉を必要としている。落選した政治家は、少なくとも選挙戦に挑んだことに対する激励の言葉を必要としている。

セオドア・ルーズベルト大統領の言葉を紹介しよう。

「称賛に値するのは、実際に行動した人物であり、汗と血でまみれ、勇敢に戦い、何度も間違いを犯して成功にまで手が届かなかった人物であり、熱意を持って身を捧げ、有意義な目標に向かって最善を尽くし、たとえ失敗しても果敢に挑戦した人物である。その人物は、勝利も敗北も知らない臆病者たちとは一線を画している」

Idea 59

# 第三者がほめていたことを伝えて友人を獲得する。

相手に影響力を行使する確実な方法は、第三者が相手についてほめていた内容を伝えることだ。

たとえば、「この前、ジムに会ったら、あなたが新しい仕事を頑張っていると言っていたよ」「ジェーンがよろしくと言っていた」「ボブがあなたの新居に感心していた」といった具合だ。

第三者のほめ言葉を伝えることは効果的な方法である。相手に向かって「あなたは人気がある」「人々から尊敬されている」と言うのと同じことだからだ。

相手が気分をよくしてくれれば、一緒に仕事をするのはずっとたやすくなる。忙しい重役ですら、第三者がほめていたことを聞くと、あなたの話を聞く時間をつくってくれるだろうし、人を雇う予定がなかった人事部長も、あなたの履歴書に目を通してくれるだろう。

**第三者のほめ言葉は、言われた本人にとっては予想外だ**（このやり方を使っている人は意外と少ない）が、それだけに、「誰それさんがあなたのことをほめていましたよ」という伝え方は大きな効果を発揮する。

Idea 60

# 報復すると、お互いに不幸になる。繁栄すると、お互いに幸せになる。

ある高校の校長先生が、悪ふざけをした生徒たちを懲らしめるために厳しい校則（報復措置）を科した。その結果、どうなったか？　まじめな生徒たちまでが反抗するようになったのである。ロッカーは荒らされ、学校の備品は破壊され、生徒たちの意欲は減退し、欠席が目立つようになった。

毎日、世界各地で報復殺人が起きている。別居中の夫が妻に復讐しようとしてナイフや銃を使って殺人を犯す。こういう状況で得をする者は一人もいない。

自動車事故の原因として、「無謀な運転」とか「ハンドルミス」が挙げられることがよくある。だが、普通の運転者がほかの車に追い抜かれて危ない目に遭い、相手の運転者に「思い知らせてやろう」として追突してしまうことが本当の原因である場合も少なくない。この状況で得をした者は一人もいない。

2年前の夏、大リーグのスター選手が死球を受けた。故意だと思ったその選手は、即座にマウンドに走り寄ってピッチャーに殴りかかった。数秒後、両チームが大乱闘を始めた。「ピッチャーを殴った選手は正しいことをした」「野球ファンはたまには乱闘を見たがっている」と言う人もいるかもしれない。だが、そのスター選手が予測していなかったのは、自分が報復したために50万ドル相当のCM契約が破棄されたことだ。スポンサーは企業の健全なイメージが傷ついたと判断したのだ。

ある国のテロリストがほかの国の罪のない住民を10人殺したとき、報復としてテロリストの出身国の住民が20人殺された。この論理によると、いずれ両方の国民が全員死ぬことになる。

報復しようという心情は、誰もが持っている。「目には目を、歯には歯を」という教えを額面どおりに解釈すると、報復は不公正なことをした相手への正当な対処法のように思える。だが、**報復は人々のエネルギーを消耗させ、近視眼的であり、大きな目標から心をそらせてしまう。**成功と報復は相容れない。報復したいという欲求には、前向きに取り組むことができる。だが、それには努力が必要だ。次ページの表を参考にして報復の代わりに双方が繁栄する方法を考えてみよう。

| 状況 | A | B |
| --- | --- | --- |
| 何をしても、こき下ろす姉がいる。 | 姉が何をしても無視する。誕生日を忘れる、集まりに呼ばない。 | 姉の冷酷さを受け流す。姉をほめる方法を見つけ、できるだけ仲良くする。 |
| ある人を愛しているが、その人は別の人に興味があるようだ。 | 非難する、激怒する、同様の行動で報復する、関係を終わらせる。 | 問題の本質を見極めて対応する。愛情深く許す。 |
| 仕事ぶりを上司から不当に評価された。 | 上司についてのうわさを広める。上司の仕事ぶりをおとしめる。上司の上役に直訴する。 | 礼儀正しい言い方で上司に再評価を求める。改善方法についてアドバイスを求める。 |
| 子どもが不公平な成績をもらった。 | 校長に直訴する。教師についての悪いうわさを流す。 | 教師に再評価してもらう。アドバイスを求める。再試験を受ける。 |
| 近所の犬に庭先をしょっちゅう荒らされる。 | 相手の家の木をトイレットペーパーでぐるぐる巻きにする。 | この問題を町内で話し合う。理解を示し、協力を求める。 |
| 運転中、交差点で対抗車に当てられそうになった。 | クラクションを鳴らす。次の交差点まで追いかけ、怒鳴って相手の反省を促す。 | 冷静さを維持する。喧嘩を避ける。その乱暴な運転者が安全運転をするように祈る。 |
| 会議中、アイデアや提案を批判され、プライドを傷つけられる。 | 言い返して報復する。相手をこき下ろす。 | 議論を避ける。相手の意見を真摯に受け止める。そして自分の考えを冷静に述べる。 |

# 第7章

# 赤ちゃんの熱意を見習おう

Idea 61

# 赤ちゃんのときの熱意を思い出そう。「心の点火装置」があれば、成果があがる。

特別仕様の新車について考えてみよう。5万ドルもする高級車だ。見事なフォルム、最先端の技術、手製の美しい内装、高性能のエンジン。

だが、問題がひとつある。その車は動かないのだ。なぜか？　点火装置が取りつけられていないからだ。誰かを病院に搬送しなければならない緊急事態では、高級車といえども鉄の塊でしかない。

ではここで、あらゆる長所を持った人物について考えてみよう。大人になるまでに多額の費用がつぎ込まれた。教育費に少なくとも25万ドルが使われているのだ。彼のプロフィールは抜群だ。すぐれた遺伝子、端整な顔立ち、健康、抜群のファッションセンス。一流の高校から一流の大学へ進んだ。

ところが例の高級車と同様、彼には問題がひとつある。やる気がないのだ。なぜか？心の「点火装置」が欠落しているからだ。これでは熾烈な競争社会を生き抜けない。成功に向けて投資された25万ドルは無駄だった。

**機械と人間には共通点がある。どちらもエンジンをかけなければ動かないということだ。人間の場合、その点火装置は「熱意」と呼ばれる。**

熱意は見ることができないが、その結果はいつでも見ることができる。スポーツ選手が記録を樹立するとき、あなたは熱意がその人物を突き動かしているのを目の当たりにする。子どもがよい教育を受けられるように汗水垂らして働く親、トップの売り上げ成績を収めるセールスパーソン、めざしていた職を手に入れる志願者、世の中に革命をもたらす人物、結婚生活を有意義なものにしようと努力する夫婦。これらの人々は熱意を持っている。

**人は誰でも熱意を持って生まれてくる。**

新生児が最初にすることは、「情熱的」に泣き叫ぶことだ。もし大人が新生児と同じくらいの激しさで泣き叫んだなら、数百メートル先からでも聞こえるだろう。

ところがその熱意はまもなく失われる。周囲の人が、子どもの心の中にある点火装置をつぶしにかかるからだ。子どもは「やめなさい」「してはいけません」「ダメな子ね」などと熱意を失うような言葉をたびたび耳にする。称賛や激励の言葉はめったにかけてもらえない。

そうしているうちに、子どもは自分の性格をはっきりと表現しないことによって安心感を得る。生まれつき持っていた熱意は、妥協に取って代わられる。

妥協は平凡だ。ほとんどの人は、前向きでワクワクする人生を送りたいという気持ちを大人になるまでに喪失する。


「天才」とは何か？　それを解明する試みは、今までに何度もおこなわれてきた。科学や技術、ビジネス、芸術などの分野で功績を挙げる人たちがいるのはなぜか？

ノーベル賞を受賞した学者が「私は研究に取りつかれていて、物事の本質を解明するために生きている」と語った。彼が成功したのは、熱意があったからだ。

**私たちの心の中には熱意が無限にある。人は誰でも、自分が選ぶだけの熱意を自由に発揮することができる。**

少しの力しか使わなければ、少しの結果しか得られないが、多くの力を使えば、大成功を収めることができる。

**人間がどの程度の功績を挙げるかは、その人が持っている熱意に比例する。**大きな熱意があるからこそ、大成功を収めることができるのだ。それに対し、失敗者は熱意が不足している。

心の点火装置を活用するにはどうしたらいいのか？　その方法をいくつか紹介しよう。

Idea 62

# 苦しくても笑うと、人生がうまくいく。

笑うことは、やる気を出すための驚異的な方法だ。笑うことはポジティブであり、しかめ面をすることはネガティブである。

ちょっとした実験をしてみよう。

自分があまり好きではない人のことを思い浮かべ、その人のことを考えながら笑ってみるのだ。笑っているかぎり、その人物に対する怒りを感じることはできないだろう。

さらに、仕事の心配をしながら笑ってみよう。そんなことはできないはずだ。

**笑いはネガティブな感情を吹き飛ばしてくれる。**
**笑うことは、失望や怒り、不満、嫌悪、恐怖心といった成功の敵を打ち負かしてくれる**

**素晴らしい方法なのだ。**

人と接するときは必ず笑顔を見せよう。初対面でも顔なじみでも笑顔で接するのだ。商品や人物、アイデアについて何かを言うときは、笑顔を忘れてはいけない。誰かがあなたに怒っているときでも、屈託のない笑顔を見せれば相手の怒りはおさまる。また、何かにあきらめそうになったときは、自分を笑わせるとよい。

**ユーモアも奇跡的な力を発揮する。健康の維持増進に役立つからだ。**たとえば、血圧を下げる、緊張をほぐす、消化を助ける、心配事を忘れさせてくれる、などなど。

長年にわたり『リーダーズ・ダイジェスト』は「笑いは百薬の長」と主張してきた。

知人の若者はもうすぐ医学部を卒業する予定だ。研修医として働くために20の病院に応募したところ、19の病院から「ぜひ来てほしい」という依頼があった。合格率95％という数字が彼の高評価を雄弁に物語っている。

ここで重要なのは、彼を研修医として受け入れる意思を表明した7つの病院の院長が、彼のユーモアにあふれた性格が決定的要因になったと言っていることだ。

ある病院長が彼に送った手紙の一部を紹介しよう。

**「オルト医師へ**
**あなたは困難な状況に直面しても明るい面を見ることができる人物です。ユーモアにあふれた愉快な性格は医学の道を歩むうえで大いに役立つことでしょう」**

ある優秀なセールスパーソンがこんなことを言った。

**「どんなプレゼンテーションをするときでも、最初の数秒間で見込み客を笑わせるようにしています。**
**それにはふたつの理由があります。**
**まず、ユーモアは相手をリラックスさせ、私の主張を受け入れやすくしてくれます。**

次に、ユーモアは、私が心の温かい友好的な人物だという印象を与えてくれます。

つまり、ユーモアがあれば、『この人の話を聞きたい』と見込み客に思ってもらえるのです」

ユーモアの原料は何か？　もっともユーモラスな存在は、あなた自身なのだ。

Idea 63

# やる気が出ないのは、「そのこと」について、まだ知らないだけ。

「**知れば知るほど、自分の無知がよくわかる**」という格言がある。

医学、工学、物理学における新しい発見は、答えを出すよりも多くの疑問を投げかける。

**知識はまた、熱意を大きくする。**

宇宙開発が進めば進むほど、物質の構造について発見すればするほど、もっと知りたいという熱意がますます大きくなる。

児童虐待防止センターの所長を務める友人によると、資金とボランティアが思うように集まらず、児童虐待の蔓延ぶりを世間の人に理解してほしいのだが、メディアがなかなか報道してくれないという。

だが、いったん人々が事情を知れば、喜んで協力してくれるはずだ。

ほとんどの人が切手収集に興味を示さないのは、切手のデザインは誰が決めるのか、毎年どれくらいの切手が発行されているのか、なぜ一部の切手には特別の価値があるのか、誰が切手を発明したのか、なぜ切手によって大きさが違うのかを知らないからだ。

Idea 64

# 成功する人は、「自分が何をするか」ではなく、「人に何をさせるか」を考える。

「**与えれば与えるほど、たくさん手に入る**」という格言は、熱意にもあてはまる。

人々に熱意を与えれば与えるほど、人々から熱意を受け取ることができる。熱意を受け取れば受け取るほど、ますますいい仕事ができるようになる。

何をするかには関係なく、**最善を尽くすよう人々を勇気づける能力は、指導力を発揮するうえで不可欠だ。**

それができない人は、まともな指導者にはなれない。

あなたの経験でも、学生時代に勇気づけてくれた先生が記憶に残っているはずだ。

あなたは一生懸命に勉強し、すべての授業に出席し、価値のあることを学んだに違いない。

その反対に、あなたのやる気を失わせた先生もいただろう。

あなたは試験のためだけに勉強し、可能なかぎり授業をサボり、単位を取るのに必要なことだけを学んだかもしれない。

その違いは何か？

よい先生は、学生に熱意を持たせるのがうまかったということだ。

したがって、「私はどうすれば人々を勇気づけることができるか？」という問いに答えることは、お金や地位といった指導力の報酬を手に入れるうえで非常に大切である。

指導力に関する格言には、「**あなたは自分が何をするかによってではなく、あなたを支えてくれる人たちに何をさせるかによって評価される**」とあるぐらいだ。

ノースカロライナで大きな家具工場を経営している友人は、従業員を誇りに思っている。そしてまた、従業員も経営者を誇りに思っている。

彼は従業員が自分と会社の業績を結びつけて考えるように指導する達人だ。これは人々にやる気を出させる効果的な方法である。

「当社のトラック運転手の例を紹介しましょう」と彼は説明した。

「彼らは一生懸命に働き、課題を遂行します。

運転手は荷物を配達する際、すべての送り状に『○○が誇りを持って配達しました』とサインします。自分の名前を書くことで『この仕事を成し遂げた』という達成感を持つのです。

会社に連絡するときも、『こちら○○です。ただいま任務が終了いたしました』と言います」

「従業員に責任感を持たせるには、それ以外の方法も必要です」と彼は話を続けた。

「数人の従業員がチームとなって家具の状態を一点ずつ点検し、彼ら全員の名前を記したラベルを貼ります。

こうすることで彼らに誇りを持たせることができますし、機械ではなく人間が組み立てたことを顧客に知ってもらうことで、家具の売り上げも確実にアップします」

Idea 65

# 部下への関心と、部下のやる気は、比例する。

私は今までに何度も受賞式でスピーチをしてきた。会社によっては毎年、受賞式を開催している。これは素晴らしいことだ。卓越した仕事ぶりは認められるべきだ。そうすることで、すべての人がよりよい仕事をしようという気になる。人々は「よくやった」「ご苦労様でした」「ずっとこの調子で頑張って」という言葉を聞きたがっている。

年間の受賞式を補うものとして、熱意を燃え上がらせる日々の努力が不可欠だ。人間というものは販売や教育活動、スポーツなど、何をするにしても、常に勇気づけてもらわないと熱意が維持できない。

ソフトウエア会社の営業部長が、部下にやる気を出させる工夫について話してくれた。「私には13人の部下がいます」と彼は説明した。「彼らは病院などの医療機関を訪問します。たいてい一人で行動し、じつによく足を使って働きます。週に2回、私は彼らと話をするようにしています。といっても、販売の技術的な面についてはあまり話をしません。彼らは研修を積んで販売の技術的な面についてはすでによく知っているからです。彼らと電話で話す目的は、スランプを防止することです。私は彼らに自信を持たせ、仕事ぶりが高く評価されていることを知らせるようにしています」

**相手にプライベートのことについて話す機会をほんの数分間でも与えることは、相手への礼儀である。**

管理職として大成功を収めている友人は、こんなふうに語る。
「毎日15人の部下一人ひとりと2、3分、会話を交わすことを心がけていますが、これは効果抜群です。こうすることで私は彼らに関心を持っていることを示すことができますし、彼らも私に尊敬の念を持って接してくれます」

さらに彼はこう言った。「部下の個人的な関心事や心配事を知っておくことは、私の仕事の重要な一部分なのです。私が管理職になる前の年、部下の病欠は平均13日ありましたが、私が管理職になった最初の年にわずか2日に減りました。おかげで生産性は向上し、離職率は下がり、私の部署の事故がゼロになりました」

Idea 66

# 売れなかった物件でも、熱意があればすぐに売れる。

不動産の売り上げの8割は、すべての不動産業者の2割かそれ以下が稼ぎ出している。なぜか？　能力がすぐれているからか？　運がいいからか？　そうではない。

ごく一部の不動産業者が素晴らしい販売実績を上げているのは、精神的な要素による。それは「熱意」だ。彼らは物件に生命や夢、喜びを吹き込んでいる。

成功を収めている不動産業者は物件を見せるだけではなく、熱意を持って紹介しているのだ。

知人のマリアン・Oがマイホームを購入した際に、最初は興味がなかったのに別の業者に見せてもらったときにそれを購入した理由を説明してくれた。

私は夫とここに引っ越してきて以来、ずっと家を探していました。最初の業者は、どの物件についてもあらゆる知識を持っていました。家の広さやローンの返済方法、税金、公共料金など、何を聞いても完璧な答えが返ってきました。けれども、家を18軒も見学したのに、私たち夫婦に合う物件を見つけられませんでした。

そこで、別の不動産業者に相談することにしたのです。

二人目の不動産業者は、私にいくつもの質問をしてきました。彼女は「私が物件をお見せする前に、あなたの理想の家について教えてください。たとえば、家に何を求めるか、家族でどのように過ごしたいか、近所との付き合いはどうするか、といったことです」と言いました。

そこで詳しく説明しました。

すると、彼女はファイルを調べてコンピューターに情報を入力し、「お探しの物件が見つかりました。見学に行きましょう」と言うのです。

その物件とは、最初の不動産業者から紹介されて断ったものであることにすぐに気づきました。そこで私は「あの家はすでに見学しましたから興味がありません」と言いました。

すると、彼女は「この物件には、お客様がご存じない特長があると思います。今度は私がご案内いたしましょう」と言ったのです。

私はためらいがちに同意しました。

二人目の業者も最初の業者も同じ物件を取り扱っています。

二人の業者は、この家のエネルギー効率がいいことを指摘しました。

しかし、二人目の業者は、月に100ドルの光熱費が節約できると言うのです。さらに彼女は「月に100ドルは最近では大した金額ではありませんが、同じ金額を金利15%の20年ローンに投資したとすれば、一財産になりますよ」と言いました。

近所の人について尋ねたとき、最初の業者のように「正直で善良な人たちです」と言うのではなく、そこに住んでいる数人の住人について詳しく教えてくれました。

地域の高校について説明するときも、ほかの不動産業者が口をそろえて言うように「地域で一番の高校です」とは言わず、数人の卒業生の例を出して、今どれほど成功しているかとか、ブラスバンドや体育系クラブの受賞歴について話しました。

**そして心をこめて「私は、この物件が秘めている価値を心から誇りに思っています」と言ったのです。**

「それで、どうなりましたか？」と私は尋ねた。

彼女はこう答えた。

「翌日、この物件を購入しました」

Idea 67

# 従業員の熱意があれば、予算ゼロでも競争力が生まれる。

ワシントンで最も成功を収めている小売店の会長が、ビジネスの成功の秘訣について話してくれた。

「利益を上げることに関して、当店が決定的に優位に立っているのは人材です。当店の競争力の源泉は、顧客への対応です。当店では、サービスを最優先して熱意を持って明るく顧客に接することができる人材を求めています。サービスをしてあげているというような横柄な態度でお客様をぞんざいに扱う従業員はお断りです。当店のモットーは、**『お客様の完全な満足を最優先する』**です。これは当店の全部署で守られています」

「従業員に熱意を持たせるには、かなりの努力が必要でしょうね」と私は言った。

「はい、そのとおりです」と彼は答えた。

「当店では、素晴らしいサービスを提供した従業員に対する報奨金制度を設けています。

また、従業員にやる気を出させることを目的としたプログラムを数多く実施しています」

そして彼はこう付け加えた。

「**顧客はやる気のない店員とは取引をしたがりません。**買い物は国民の最大のレクリエーションだと私は思っています。顧客はここで買い物をするのが楽しくないと思ったなら、よそに行って商品を買うことを楽しめる店を探そうとします」


アトランタには、ほとんどの都市に行ける航空会社が数多くある。しかし、私は1、2時間遅れても特定の航空会社を選んでいる。なぜか？

それは、従業員の熱意だ。その航空会社では、搭乗口やゲート、機内などのどこに働いている人たちも熱意を持っている。**笑顔や温かい挨拶、素晴らしいサービス、心のこもった別れの言葉などの小さなことが決定的な差となる**のだ。

デルタ航空は、熱意あふれるプロ意識によって人気ナンバーワンの航空会社という地位を得たが、そのためにどれだけお金を使ったか？　一銭も使っていない。それどころか、同社は熱意によって飛躍的な発展を遂げている。どの企業もお金を使わずに競争力をつけることができる。**人々は単なる製品やサービスを買うのではなく熱意を買うのだ。**

Idea 68

# 信念を持てば、熱意はおのずと生まれる。

**自分のしていることが正しいと信じるとき、熱意はおのずと生まれる。**自分のしていることが重要だと信じている政治家、宗教家、医者は、常に熱意を持っている。その反対に、自分のしていることが間違っていると思うと、それに打ち込むことができなくなる。私たちが他人に違法ドラッグを売ることに熱意を持てないのは、他人の健康を害するようなものを売ることは間違った行為であり、良心の呵責を感じるからだ。

**体はうそをつかない。私たちが人、物、考え方に対してどう感じているかは、目や声、しぐさなどにはっきりと表れる。**

役者として成功を収めている知人が、常に出演依頼が多く、高収入を得ている理由を説明してくれた。

「ほとんどの役者は役者として演技をします。普通の役者はその人物のようなふりをするだけで、役になりきりません。私は自分が演じる人物になることに専念し、その役になりきります。私がその人物のしぐさとか行動とか声といった特徴を演出するとき、全存在がその役になりきるのです」

「しかし」と彼は話を続けた。「役柄を調べて自分がその人物になりきれないと思ったらオファーを断ります。その人物のふりをしているだけなら、観客にわかってしまうからです。ニセモノはどうしてもニセモノという印象を与えます。立派な役者になろうと思えば、信頼性がなければなりません」

信頼性の大切さについて、ある販売員がこんなことを言った。「私は顧客にとっていいとは思えない商品を売ることをお断りしています。顧客に合っていないと思っていると、顧客はそれを感じ取りますから、私の信頼性が損なわれます。私は自分が熱意を持って売ることができる商品だけを売ることにしています」

ある弁護士がこんなことを言った。「私は『この依頼人は無実だ』と確信できると、有罪かもしれないと感じるときに比べていい弁護活動ができます。私が依頼人を弁護するために言っていることを自分で信じているかどうか、陪審員は常に見ています」

Idea 69

# 相手へのメッセージは、言葉よりも、感情で伝わる。

話すときは内容が大切だが、それよりももっと大切なのは声の調子だ。

いくつかのフレーズを口に出して言ってみて、どれだけ多くの感情を表現できるかを確認してみるといい。「お元気ですか?」「お会いできて嬉しいです」「素敵な車ですね」と言うとき、同じフレーズでも親近感や皮肉、ねたみ、喜びなどを表現することができる。

**人間のすべての感情は、声の調子で表現できる。**

音楽を勉強している人たちは、愛や優しさ、激しさ、悲しみを表現する音色があり、作曲家がさまざまな感情を音楽で表現しようとしていることを知っている。

子どもは話せるようになる前に、周囲の人に対して感情を表現する。

言葉が通じない相手でも、あなたは相手が伝えようとする感情を理解できる。基本的なメッセージは言葉ではなく感情で伝わるものだ。

コミュニケーションの中で感情はあまり重視されていない。子どもは言葉の正しい使い方については教わるが、心をこめて話すことは教わらない。

心をこめて話すためのふたつの方法を実践しよう。

まず、**友人を獲得するためには、自分から友人になることだ。**「私はこの人が好きだ」と自分に言い聞かせれば、あなたが話す声からはおのずと温かみが伝わる。

次に、**元気よく話すことだ。**強くて活気のある声を出そう。気の抜けた話し方をする人とは誰も話したいとは思わない。

Idea 70

# 電話を使いこなす技術は、何十年も進歩していない。

顔を合わせて話をすることの次に重要な方法は、電話で話すことだ。この数十年で電話に関する技術は進歩したが、電話を使いこなす技術はほとんど進歩していない。

**①電話に出るときは、次の簡単で実務的な4段階方式に従うといい。**

■相手に温かい気持ちで挨拶をする。「おはようございます」「こんにちは」

■自分の職業や所属している組織の名前を言う。「○○社でございます」

■自分の名前を言う。「○○と申します」

■用件を聞く。「どういったご用件でしょうか?」

以上のことをするのに10秒もかからない。

## ②にこやかに話す。

笑みを浮かべると自信がみなぎり、たとえ顔が見えなくても、「私はポジティブな人間です」という気持ちが相手に伝わる。電話でにこやかに話せば、あなたはコミュニケーションを円滑に進めることができる。心の底から笑えば、怒りや恐怖心といったネガティブな感情とは無縁になるから、相手はあなたの要望を受け入れやすくなる。あなたが前向きで自信を持てば、相手は安心と信頼を抱く。

## ③ゆっくり話す。

普通の発話速度で話すほうが、急いで話すよりもずっと効率的だ。電話で早口で話すと、相手はそれについていけず、あなたは同じことを繰り返さなければならなくなる。

私はいろいろな会社に電話をするが、受付担当の声が聞き取りにくくて先方の会社名がわからないことが約5割の確率で起こる。受付担当が会社名を早口で言うので、約3倍速にしたように聞こえ、とてもわかりづらいのだ。

Idea 71

# クレームの電話がかかってきたら、相手を癒すセラピストに変身しよう。

「意地の悪い人から電話がかかってきたら、どう対処すればいいのか?」と尋ねる人もいるだろう。

実際、クレームの電話は結構多い。「請求書の記載が間違っている」「注文していない商品が届いた」「わが家のごみの収集を忘れている」といった具合だ。

こんなふうに考えよう。

まず、本当に「意地の悪い人」というのは、たぶん存在しない。クレームの電話をかけてくる人は、あなたと同じ人間であり仲間なのだ。

次に、**クレームを言っている人は、あなたに腹を立てているのではなく、自分に腹を立てているだけなのだ。** あなたは身代わりにすぎない。そこで、自分をセラピストとみなし、相手の怒りをしずめる役割を担っていると考えよう。
大切なのは、**クレームを個人攻撃と受け止めない**ことだ。

管理職にひと言。あなたの会社の受付担当がどういう対応をしているかをチェックしよう。ある航空会社では、予約係にかかってくる電話の1%を管理職がチェックしているという。その目的は偵察ではなく、適切な措置を従業員研修に取り入れることだ。ホテルやレンタカー、デパートといった、電話をよく使う職場の管理職は、従業員が顧客にていねいで効率的な対応をしていることを確認すると、大きな利益を得ることができる。

もしあなたが経営者なら、友人に頼んで会社に電話をかけてもらい、受付担当がどういう対応をしたかを聞くといい。必要なら適切な措置を講じることができる。

電話に出る従業員はみな営業部員であり、会社のイメージを背負っている。社長から夜間の警備員にいたるまですべてそうだ。

**すべての事業は何かを売ることによって存在している。**それを売ることをずっとスムーズにするには、「お電話ありがとうございます。全力でお手伝いをさせていただきます」という気持ちを相手に伝えることだ。

# 第8章

# 目標達成のために相手の利己心に訴えかける

Idea 72

# 人々の行動原理は利己心だ。相手の利己心を満たすことが成功の秘訣。

最近、あるテレビ局が大腸がんに関する公共サービス広告を2週間にわたって放送した。地域の薬局チェーンと病院の協力のもと、大腸がんの可能性を調べる無料検査を実施したのである。すると驚くべきことに、10万人以上が薬局に行ってテストキットを入手し、検体を協力病院に郵送した（100件以上の大腸がんが発見され、この取り組みは非常に価値のあるものとなった）。

このテレビ局は同じ時期に同じ回数、赤十字への寄付も広告で呼びかけた。それに反応して寄付をした人は何人だったか？　わずか97人だ。

利己心への訴えかけは、地域社会の利益への訴えかけの千倍もの効果があることが証明されたのである。つまり、人々は他人のニーズにも関心を持ってはいるが、行動を起こすのは自分自身のニーズのためなのだ。

ここに無視できない人間の本質が示されている。人々は自分、家族、仕事、財産、幸福に関心があるということだ。他人の幸福への関心は、自分の幸福への関心の次に来る。

賢明な広告主たちは、この利己心の法則に注意を払っている。彼らのメッセージが常により多くの快適さ、安全、地位、健康、楽しみ、魅力的な容姿、その他さまざまな利益を約束していることに注目してほしい。広告主は「私たちがもっとお金を稼げるように、私たちの製品を買ってください」とは絶対に言わない。

**成功の秘訣は、相手の利益を第一に置き、自分の利益を第二に置くことだ。**

自分の目標を常に意識しよう。あなたは人々に影響力を及ぼし、商品を買ってほしい、協力を得たい、意見を支持してほしい、もっと一生懸命働いてほしい、愛してほしい、お金を貸してほしい、あるいは何らかの形で助けてほしいと思っているはずだ。

ここでもう一度、自分の目標を念頭に置いて、人々は利己心によって動機づけられていることを肝に銘じよう。たとえば、人々はあなたを稼がせるために商品を買うわけではない。商品が彼ら自身に利益をもたらすからこそ買うのである。

Idea 73

# 相手への奉仕を常に最優先しよう。報酬はあとから自然についてくる。

人々は常に次のことを知りたがっている。

- 自分にとってどんなメリットがあるか？
- 自分はいくら稼げるか？
- 自分にはどんな利益があるか？
- なぜもっと働くべきなのか？　その努力はどのように報われるか？
- もしその仕事に就いたら、昇進の機会はどれくらいあるか？

相手が商品を買ったら自分がいくら稼げるかを伝えても、あなたは成果をあげられない。相手の助けによって自分がどのような利益を得るかについて言及してはいけない。あなたの利益は重要ではないのだ。相手が得る利益に全精力を集中させるべきだ。

**相手への奉仕を最優先しよう。**そうすれば、お金、昇進、地位、仕事での成功、その他の報酬は自然についてくる。だが、もし自分への奉仕を最優先するなら、人生は報われないものとなるだろう。

成功するビジネスパーソンは、常に「どうすれば顧客の欲求、ニーズ、願望に最もよく応えられるか?」と考えている。失敗するビジネスパーソンは必ずこう考えているものだ。「どうすれば顧客の無知につけ込んで、騙したり、ごまかしたり、法外な請求をしたりすることができるか?」

優れたセールスパーソンは「私の扱う製品はどのように見込み客に役立つか?」を考える。自分が得る手数料などは常に二の次だ。有能なマネジャーは会社の方針を自分たちにとってではなく部下にとって有益なものとして解釈する。患者への奉仕を第一に考える医師は、たとえ多くの自己犠牲を伴っても、人々に賞賛される診療を行う。

# 人を動かす達人は、相手の名前を覚える努力をしている。

利己心の法則によって成果をあげる3つの簡単な方法は、**①相手を名前で呼ぶ、②相手に勝ちをゆずる、③相手に花を持たせる、**である。それぞれについて見ていこう。

ロナルド・レーガンは、歴代大統領の中で「コミュニケーションの達人」と言われる。そして、それには十分な理由がある。

彼はゆっくりと抑揚のある声で話し、話しかける相手や聴衆を直接見つめ、プレッシャーのかかる状況下でも冷静さを保ち、平易でわかりやすい言葉を使う。そして控えめながら効果のあるテクニックを用いている。

特に重要なのは、レーガンは会見で質問を受けるときに記者を指差すだけではなく、名前を呼ぶのである。些細なことに見えるかもしれないが、この方法は報道陣との良好な関係を築くのに役立っている。なぜだろうか。**人は名前を呼んでもらうと、より協力的になるからだ。**名前で呼びかけることは賞賛することと同じ意味を持ち、相手から深く感謝される。「あなたは私にとって重要な人だ」というメッセージが伝わるからだ。

すべての人には名前があり、デール・カーネギーが看破したとおり、名前はその持ち主にとって最も甘美な言葉なのである。人は名前で呼ばれると、自分がより重要になったように感じる。なぜなら、名前は人にとって最も価値のある財産であり、名前によって自分が唯一無二の人間だという感覚を持てるからだ。

「**私が誰だかわかりますか？**」という質問は重要だ。利己心の法則とは、自分を認識してもらいたいという強い欲求でもあり、さまざまな形で現れる。最近、たった1週間のあいだに、しかも3つの機会に、3人が個人として認識されたいという強い欲求を示した。

大学の理事たちの前でプレゼンテーションをしたあと、70歳くらいの女性が、私が多くの参加者に挨拶を終えるのを待っていた。彼女が最後に私と話したいと思っていることは明らかだった。ついにそのときが来て、私は大きな声で「こんにちは」と言った。彼女は口を開き、「私が誰だかおわかりになりますか?」と直接的な質問を私に投げかけた。私は毎週数百人に会っていて、記憶の達人でもない。だが、この人については覚えていた。「もちろんです」と私は言った。「あなたはペグ・S博士ですね」

すぐさま彼女の顔は輝いた。10年たっても私が彼女の名前を覚えていたことをすごく喜んでくれた。ここで興味深いのは、彼女が心理学者だということだ。心理学者なら自信があって、相手が自分の名前を覚えているかどうかは気にしないと思うかもしれないが、彼女は気にしていた。私が彼女の名前を呼んだことで、彼女は安心したようである。つまり、「10年前にたった5分会話しただけでも記憶に残るほど、あなたは重要な人です。あなたは私に深い印象を残しました」と伝えたことになるのだ。

別れ際に、彼女は私に「これが私の名刺です。もし私にできることがあれば、いつでも電話してください」と言った。

その同じ週に、別の女性が自分を認識してほしいという強い欲求を示した。彼女は「私のことを覚えていらっしゃいますか?」と言った。彼女もまた、自分が私の心に永遠に印象を残すほど重要だったと信じたかったのだ。しかしこのとき、私はとっさに「お顔は覚えていますが、お名前が思い出せません」と言わざるを得なかった。するとすぐに悲しみと失望が混ざった表情が彼女の顔に浮かんだ。私は彼女の名前を思い出せなかったことで、彼女の自尊心を傷つけてしまったのだ。

また別のプレゼンテーションでは、50歳くらいの男性が「私のことを覚えていらっしゃらないでしょうね」と言った。だが、少なくともこの人は、私が「はい、申し訳ないのですが覚えていません。でも、今ここであらためて知り合いになりましょう」と言う機会を与えてくれた。

**人々はどこでも自分が名前で認識されることを望んでいる。**名前は称号でもあるのだ。記憶されたいという欲求は最高レベルの自我の欲求である。だから、人の名前を覚えるよう特別に努力をする必要がある。

「トーマスさん、手伝っていただけますか？」と言う人と、ただ「手伝っていただけますか？」と言う人、どちらに好意を持って手伝おうと思うだろうか？

Idea 75

# 「説得の名人」が実行していた10の指針と5つの秘訣とは？

リンドン・ジョンソン大統領は「説得の名人」と呼ばれた。名前を覚えることを実践していて、対立する各派をまとめて法案を通すことにたけていた。

なぜジョンソン大統領はそれだけの成果をあげたのだろうか？　それだけの努力をしたからだ。大統領になるずっと前から、彼は人々と仕事をして結果を出すために10の指針を考案し、実践していたという。とりわけ「人の名前を覚えること」を第一の指針にしたことに注目してほしい。

**1** 人の名前を覚える。これが苦手なのは、他者への関心が足りないことを示している。

**2** 一緒にいて居心地のいい人になる。相手が緊張しないようにすることだ。

**3** 落ち着いた態度を身につける。何が起こっても動揺しない。

**4** 高慢にならない。自分はなんでも知っているという印象を与えないように注意する。

**5** 相手が自分との関係から価値のあるものを得られるよう自分を磨く。

**6** 自分の性格から「とげとげしい」要素を取り除くよう努める。

**7** すべての誤解を解くよう誠実に努める。相手の不満を解消する。

**8** 人々を好きになる練習をする。

**9** 誰かの業績を祝福する言葉や、悲しみや失望への共感を表す機会を逃さない。

**10** 人々を支援する。そうすれば彼らはあなたに本物の愛情を与えてくれる。

名前を呼んで人々の協力を得るための5つの秘訣がある。

### ① 相手の名前を正しく発音する

自分の名前を間違って発音されることほど、人をいらだたせることはない。とはいえ相手が望むように名前を発音することは、必ずしも簡単ではない。だから、相手の名前をどのように発音すべきか確信が持てない場合は、「素晴らしいお名前ですね。これで正しく発音できているでしょうか?」と問いかけるといい。相手は即座に自分の名前を口に出し、正確にどう発音するかを教えてくれるはずだ。相手の名前を記憶に定着させるために、その後の数分間は会話の中でできるだけ多くその名前を呼ぼう。

## ② 会話の中で相手の名前をよく使う

これにより、あなたは名前を記憶に定着させ、話しかけている相手の注意を引き続けることができる。書面でのコミュニケーションでも相手の名前をよく使うことだ。驚くべき事実だが、ダイレクトメールで販売を行う企業によると、手紙が機械で作成され、名前が機械的に挿入されたことを送付先の人々が知っている場合でも、名前がないときより反応がよいのだという。

## ③ ニックネームは、相手がそれを気に入っている場合にのみ使用する

私はこの教訓を何年も前に苦い経験から学んだ。

ジェームズ・グレイという名の男性のところに営業に行ったとき、すぐに彼を「ジム」と呼んだのだが、面談が進むにつれて何かがうまくいっていないと感じた。「ジム」は私が提供しているサービスを必要としており、価格やその他の条件も妥当だったが、私は商談を成立させることができなかった。

あとになって、私は失敗の理由を知った。彼は「ジム」と呼ばれることを嫌悪していたのだ。彼は聖書に出てくる聖ジェームズにちなんで名付けられたことを誇りに思っていたのである。ジェームズ（今では私は彼をこう呼ぶ）は、かつて私の友人に「聖ジェームズを聖ジムと呼ぶ人はいない」と話していたという。

## ④親しくなるまでは相手の姓を呼ぶ

あなたも見知らぬ人から電話をもらい、すぐにファーストネームで呼ばれて不快に感じた経験があるだろう。相手があなたにファーストネームで呼んでほしいと言うまでは、姓で呼ぶことが礼儀である。理由は①相手が不快に感じるおそれがある、②相手の警戒を解くのではなく、むしろ強めてしまう可能性がある、③見知らぬ人とファーストネームで呼び合うのはビジネス上ふさわしくない、ということだ。

覚えておいてほしい。馴れ馴れしさは軽蔑を招くのである。

## ⑤相手の名前を正しく書く

相手の耳が間違って発音された名前を拒否するように、相手の目は名前の書き間違いをすぐに見つける。利口な企業は、コンピュータに名前を入力する人々が正確に作業するように努めている。もし名前が間違って印刷された郵便物を受け取ったら、どう感じるだろう。「この会社は私の名前を間違えるほど不注意なのだから、商品の品質や価格、納期についても同じように不注意だろう」と考えるのではないか。

社内文書での名前の誤記はさらに深刻な結果を招く。それは細部への注意不足を示しているからだ。

Idea 76

# マウント合戦は無益なゲームだ。勝っても嫌われたら意味がない。

**マウント合戦とは、二人が地位やお金、業績など人生のさまざまな側面で互いに上回ろうとするゲームのことだ。**具体例を示そう。

祖母Aは祖母Bに自分の孫の写真を見せて「私の孫は9月に州立大学に入学するのよ」と言う。祖母Bはすぐに対抗して自分の孫の写真を取り出し、「私のほうが上だ」と言わんばかりに「これが私の孫で、ハーバード大学に合格したのよ」と言う。

結局祖母Bは、誰もが知っているハーバード大学が州立大学より「優れている」という理由で、マウント合戦に勝ったと考える。

人々の会話を聞いていると、マウント合戦が日常茶飯事であることがわかる。

たとえば月曜の朝、誰が最も特別な週末を過ごしたかを競い合う。すなわち、誰が一番大きな魚を釣ったか、誰が最も豪華なパーティーに出席したか、誰がフットボールの試合で最もよい席を確保したか、などなど。マウント合戦は、オフィス、仕事のあとの集まり、飛行機の中、昼食時など、人々が出会う場所ならどこでも繰り広げられている無益なゲームだ。

マウント合戦は悪い結果を生むおそれがある。

私のかつての同僚は優秀教員賞を受賞した。表彰式には多くの大学関係者が出席し、その中には私の友人である学部長もいた。式の直後、学部長は私の友人をほめたあとで「私があなたの年齢のときには、もっと上位の賞を受賞していた」と言ったのである。

学部長のこの発言は私の友人をいらだたせた（友人はこの出来事をすでに3回も私に話している！）。学部長はマウント合戦に勝ったつもりだったが、彼が打ち負かした私の友人はすぐに別の大学に移ってしまった。

人々はマウント合戦で負かされるのを好まない。そして、もし彼らがあなたを好きにならなければ、協力したり、買ったり、一生懸命働いたりする可能性は大きく激減する。

Idea 77

# マウント合戦に効果的に対処するには、それを避けて相手に勝ちをゆずることだ。

以下がマウント合戦に効果的に対処する方法である。

## ①自分の目的を知り、それを心に留めておく

その人と話すのは、販売をするためか、自分がその人よりゴルフがうまいことを証明するためか？　職を得たいのか、それとも面接官よりよい学校に通っていたことを誇示したいのか？　子どもと成績について話すとき、その子によりよい成績を取ってほしいのか、それともあなたが学生時代にもっとよい成績を取っていたことを自慢したいのか？　パートナーと一日の出来事を振り返るとき、相手の不満を解消する手伝いをしたいのか、それ

とも自分の不満をぶちまけたいのか？

## ②マウント合戦を避けることで自信を示す

自分が相手より優れていることを証明したがる人々は、不安定で自信がない。覚えておこう。本当に自慢できるものを持っている人は、自慢する必要を感じない。

マウント合戦をしてはいけない。

マウント合戦に勝つ方法はひとつしかない。それをしないことだ。相手を勝たせよう。

マウント合戦は子どものゲームだ（例「ぼくの自転車は君のよりいい」「私のお父さんはあなたのお父さんよりお金持ちだ」）。

Idea 78

# 自分が話をするのではなく、相手に話をさせると収穫が得られる。

人々は、あなたがあなたについて話すのを聞くよりも、自分について話したいと思っている。より具体的に言えば、人々は自分自身について、あるいは自分の興味あること、家族、仕事、心配事、趣味、ペットなどについて話すのを、あなたがあなた自身のそうした事柄について話すのを聞くよりも好む。

**相手に耳を傾け、相手が自分の気持ちを話すように促すことは、相手に対して与えられる最大の称賛のひとつだと言える。**

さて、他人が自分自身について話すよう促すと、大きな収穫が得られる。相手はあなたを友人とみなし、素晴らしい会話の相手（たとえあなたが質問をするだけで、ほとんど話さなくても）として受け入れ、そしてもっとよく知りたい相手として歓迎するだろう。

とはいえ相手に話させることは簡単ではない。なぜなら、あなたが自分の興味のあることを話したいと思うのはごく自然なことだからだ。

しかし、ここでもあなたの目的を忘れてはいけない。相手と会話するのは、自分がいかに優れているかを示すためなのか。それとも相手の支援を得て自分の目標（具体的には、自分から買ってもらう、自分のためにもっと働いてもらう、自分の目標達成を手伝ってもらう、などなど）を達成するためなのか？

Idea 79

# 人々の自尊心を満たす努力をしよう。それは大きな見返りをもたらす。

私の友人のグスタフ・Wは、ジョージア州で約300人を雇用する子ども服メーカーを経営している。

この会社は創業から100年以上たつが、ストライキや操業停止を一度も経験したことがない。外国企業との競争がアメリカのアパレル産業に大きな打撃を与えたにもかかわらず、彼の会社は利益を上げ続けている。仕事は単調で給与も低いにもかかわらず、組織の士気と生産性は高い。

グスタフはどうやってそれを実現しているのだろうか？　それはちょっとした「**自尊心向上策**」を実施しているからだ。彼は少なくとも週に2回は工場内を巡回し、各従業員に挨拶する。子どもや孫について尋ね、家族が病気したり亡くなったりした人には同情を示し、どのように手助けできるかを尋ねる。そうやって思いやりと親切を表現するのだ。

昨年のクリスマス、彼は創造的で効果的な動機づけの手法を思いついた。従業員に一品持ち寄りのクリスマスパーティーを提案したのだ。従業員たちには持参した料理のレシピの提出を求め、そのレシピを集めて魅力的な料理本にして、すべての販売店に配布したのである。

この料理本は従業員の自尊心を大きく高め、顧客も大喜びだった。多くの感謝の手紙が届き、掲示板に張り出された。

従業員にとって、なんと素晴らしい自尊心向上の方法だったことか。そして、顧客にしてみれば、仕入れ先の会社から心のこもった贈り物をもらえるのは新鮮な経験だった。

カリフォルニア州の建設会社の幹部は私に言った。

「自尊心は私たちが持っている最も重要なツールです。自尊心がなければ、すべてが平均以下か、せいぜい平均程度に終わってしまいますから」

私が説明を求めると、彼は語り始めた。

「従業員の士気を高めるために多くの方法があるわけではありません。ただ、自尊心が私たちの成功に不可欠だということを常に意識して、その自尊心を高めるアイデアに基づいて行動しているだけです」

「たとえば？」と私は尋ねた。

「小さなことですよ。大きなプロジェクトを始める前に、全員を集めて立食パーティーを開きます。長いスピーチは省いて、当社が素晴らしい会社で、プロジェクトの成功には全員の協力が不可欠だという確認をするだけです。夏には2、3回、会社のロゴが入ったTシャツと帽子で野球観戦に行きます。建物が完成したら、パーティーを開いて有給休暇を与えます」

「従業員の皆さんはずいぶん楽しんでいるでしょうね」と私は言った。

「はい、とても楽しんでいますし、それは報われています。従業員が仕事中に飲酒したり違法薬物を使用したり、どこも悪くないのに病欠を取ったり、競合他社に転職したりすることを心配する必要がありません。会社の備品を盗んだりするようなこともありません。つまり、人々は給与や福利厚生以上のものを求めているのです。彼らは自分が働いている会社の素晴らしさを誇りに思いたいのです」

多くの人々が、組織が大きくなりすぎたために会社に対する誇りが失われたと言う。だが、これはナンセンスだ。従業員の誇りは、組織が大きくなって何千人もの従業員を抱えるようになっただけでは失われない。ＩＢＭやデルタ航空、ディズニーランドなどのトップ企業を見てほしい。大企業だから従業員が誇りを失うわけではない。従業員の誇りを破壊するのは、思いやりのない利己的な経営だ。

アメリカ合衆国は、アメリカ国民が所属する最大の組織だ。そして、内部では常に批判があるにもかかわらず、誇りも士気も高い。

なぜなのか？　それは私たちの伝統が記憶され、新しい世代に伝えられているからだ。開拓者たちの犠牲、戦争による死、破壊と苦痛、比類のない発明・発見など、偉業のすべてが、自分たちが偉大な組織に所属していることを人々に思い出させる助けとなっている。そして、その成果が自尊心、すなわち成功するための最も強力なツールなのだ。

**人々の自尊心を満たせば、１１０％の見返りが得られる。**

Idea 80

# 子どもたちはお金のためではなく、自尊心のために全力でプレーをする。

昨秋、私は11歳と12歳の子どもたちによるサッカーの試合を見た。

私はこれまでワールドシリーズやスーパーボウル、メジャーなゴルフトーナメント、そのほか特別なプロスポーツイベントを数多く見てきた。だが、この子どもたちによるサッカーの試合は、私が見てきたプロスポーツのすべてを上回っていた。フィールド上のすべての子どもが全力でプレーしていた。両チームとも、この試合に出場する機会をかけて、一シーズンを戦ってきたのだ。彼らは試合のために練習し、自己規律を守り、さらには勝利のために祈りもした。

結局、グリーンチームがブルーチームを4対3で破った。では、グリーンチームは勝利の見返りとして何を得たのだろうか？　高額のボーナスか？　そうではない。プロのサッカー契約か、奨学金か、ギフト券か？　どれも違う。

グリーンチームは安価なトロフィーとハンバーガー、コーラ、ポテトを受け取っただけだ。ブルーチームにはトロフィーはなかったが、特別なお菓子をもらった。

私はこれまで、どんな年齢の人でも、こんなに努力するのを見たことがない。お金は関係なかった。コーチ陣はゴルフやジョギングに使えたはずの多くの土曜の朝と夕方を犠牲にして、子どもたちにサッカーを教えた。親たちも、自分の時間とエネルギーを犠牲にして十分な飲み物を用意した。

試合後、私は審判の一人と一緒に負けチームが勝ちチームを祝福する様子を見ていた。審判は成功した建設業者だったが、「私は人生でたくさんのお金を稼いできたが、これほど満足のいく土曜の朝を過ごしたことはない」と言った。

「この問題を解決する方法は給与を上げることだ」とか「お金が最大の動機づけだ」といった発言を聞いたら、よく考えてみてほしい。**人々を動かすには、心に働きかけることだ。財布や銀行口座に働きかけることではない。**

Idea 81

# 従業員の自尊心を傷つけるとどうなるか？経営者に報復をするおそれがある。

組織の中で人々がほめられず、認められず、日常的に批判されていたら、かなり具合の悪い事態が生じる。次の事実を見てほしい。

1. 小売店では、顧客よりも従業員のほうが多くの商品を盗む。なぜか？ 主な理由は、経営者や店長に対して怒りを抱いた従業員が報復したいと思うからだ。そして、彼らは盗むことで仕返しをするのである。
2. 無視されている従業員は、評価されている従業員よりも頻繁に欠勤する。
3. 精神的な動機づけを重視しない組織の離職率は、精神的な動機づけが重視される組織の離職率よりもはるかに高くなる。

覚えておこう。

サボタージュは小売店や工場だけで起こるのではない。病院やＩＴ企業、航空会社、大学の研究者たちも、評価されていないとか搾取されている、心理的に虐待されているなどと感じたりすると、仕返しをする。

私の知っているある大学では、学部長が教授たちの仕事を批判したり、活動を過度に監視したり、叱責したりしたために、その学部の10人の教授のうち最も優れた５人が出て行ってしまった。

最も深刻なストライキ（しばしば長期化し、ときには暴力的になる）は、経営者が労働者を強く深い自尊心を持つ人間として考えようとしなかった企業で発生する。そのような経営者は決まって、従業員を鉄やセメントなどの製品と同じように感情を持たないものとして扱っている。そして興味深いことに、ほとんどのストライキは給料の高い企業で発生しているのである。つまり、ストライキの主な原因はお金ではなく、従業員の自尊心を無視することなのだ。

Idea 82

# 小さなところから企業は綻ぶ。誰もが誇り高く働いていると肝に銘じよう。

不況のさなか、全国的な会議で講演をする目的でフロリダ州に行った。昔からよく泊まっていたリゾートホテルに到着すると、雰囲気が一変しているのを感じた。受付の仕事はとても遅いし、部屋はメイドの仕事の不手際が目立ち、ルームサービスも劣悪だった。そのホテルはかつてのような快適空間ではなくなっていた。

私は仕事を終えてホテルのリムジンバスで空港に向かった。乗客は私ひとりだったので、若い運転手と会話を始めた。私はホテルの対応にがっかりしたことに言及し、「前回来たときのホテルとは様子が違っていた」と伝えた。

すると運転手が口を開いた。「このホテルは2、3カ月前に経営体制が変わって、士気が下がっているのです」

そして、彼はいくつかの不幸な出来事について語った。フロント係の二人の従業員が、ある晩の食事に支配人の許可した金額より2ドル多く使ったことを厳しく叱られた。12年間も働いていたベテランのシェフが、材料を無駄遣いしていると支配人に思われて解雇された。メイドの何人かが解雇され、残った者の仕事量はそれに比例して増えた。24時間体制だったルームサービスは深夜0時までとなった。

運転手は話を続けた。

「最悪なのは、支配人が毎日、午前と午後のシフトを組んでいて、みんながいかにお粗末な仕事をしているかを批判していることです。もう誰も仕事に誇りを持っていません。楽しみにしているのは、仕事が終わることだけです」

「このホテルで働くのが苦痛になったようですね」と私は言った。「でも、あなたは幸せそうに見えますが」

運転手は少し笑って言った。

「おっしゃるとおりです。実は、私がここで働くのは今週が最後です。来週からは少し離れたホテルに転職するんですよ」

「なぜですか?」と私は尋ねた。

「お客様と接するホテルの従業員はみんなそうですが、私の収入の大部分はチップに頼っています。今、私が空港にお運びしているお客様の大半は、あなたと同じように感じていらっしゃいます。ホテルに腹を立てているので、チップが以前より少なくなっているのです。それに加えて景気が冷え込んでいますから、飛行機に乗ろうとするお客様が少なくなっているんですよ」

帰りの飛行機の中で、私はこのことが頭から離れなかった。新しい経営者は、彼が重要ではないと考える従業員を冷遇し、罵倒することで、素晴らしいホテルをダメにしてしまったのだ。

そして、同じように重要ではないと位置づけられた労働者たちが、ひどい扱いを受けることによって、さまざまな事業が破綻していることについて私は思いをめぐらせ始めた。

長年にわたって十分な給料を受け取ってきたが、機械のように扱われてきた自動車工場の労働者たちがいた。彼らはミスを増やし、ずさんな作業をし、契約の許すかぎり欠勤を繰り返すことで、経営者に仕返しをしていた。その結果、アメリカ人は外国製の自動車を買うようになった。

考えてみれば、私たちの社会で簡単な仕事だと考えられている職に就いている人たち、たとえばレジ係や受付係、電話オペレーターのような人は、最前線にいる人だと言える。それなのに感謝されないばかりか、しばしば罵倒されたり無視されたりする。だが、彼らは社会で最も重要な地位を占めているのだ。こうした人が世間の人々に接するのだから、世間の人々は彼らの行動によって、その企業や事業についての印象を抱くことになる。世間は経営者の姿を見ることはめったにない。

従業員を冷遇することは経営上の大罪であり、必ず業績の悪化につながる。顧客と直に接する担当者の誇りが傷つけられれば、士気は下がる。誇りを失った人々は、報復する方法を見つける。昔の船上では、こうした報復は反乱と呼ばれていた。今日の工場では、サボタージュやストライキなどと呼ばれる。オフィスや病院、大学、そのほかの専門機関では、報復が離職率の高さや病欠、愚痴となって現れる。

ここでの教訓は何だろうか？ **「人を大切に育てよ、常に誇りを持たせて傷つけるな」**ということだ。

次のことを覚えておこう。

■組織ではすべての人が重要な業務を担っている。もし重要でない仕事があるなら、その仕事は廃止したほうがいい。

■従業員を冷遇したり虐待したりすると、彼らの生産性は必ず低下する。

勝っても負けても、ファンが空港で出迎えてくれると、チームは誇りを持つ。自動車工場の労働者は、彼らのうちの誰かが新型車を運転するときに誇りを感じる。俳優たちは、同業者が特別な賞を受賞すると気分がよくなる。ノーベル賞やピューリッツァー賞は、すべての創造的な人々の励みになる。学生には憧れのヒーローやヒロインが必要なのだ。誰もが重要なこと、大きなこと、よいこと、役に立つことの一翼を担いたいと思っているのだ。端的に言えば、こういうことである。

■自分の望みをかなえたいなら、他人の望みを優先しよう。他人がどうやって得をし、収入を増やし、楽しむことができるかを示せば、自分も報酬を得ることができる。

■人の名前は、その人にとって最も重要なアイデンティティである。常に次のことを心がけよう。

**a** 相手の名前を正しく発音する

**b** 相手の名前を頻繁に呼ぶ

**c** 求められた場合を除き、ニックネームは使用しないこと

**d** 親しくなるまでは姓で呼びかける

**e** 相手の名前を正確に書く

■マウント合戦では相手に勝たせる。あなたの目的は相手に影響を与えることであって、自分が相手よりも優れていることを証明することではない。

■人々に誇りを与えれば、彼らはあなたのやりたいことを応援してくれる。彼らのしていることを称賛し、彼らの気分がよくなる環境を整備しよう。

# 第 9 章

# 成功につながるリーダーシップ

Idea 83

# 平均で満足してはいけない。常に卓越性を追求しよう。

成功、富、幸福を得るのに役立つ原則を紹介しよう。この重要な概念を理解するために、こんなことを想像してほしい。

飛行機に搭乗したばかりだとする。座席に座り、シートベルトを締めてリラックスした。ところが離陸直前、機長が乗務員に「このフライトは不安だな。うまく操縦できそうにない。所詮、私はただの平均的なパイロットだから」と言うのが聞こえた。

あなたはどうするだろうか？　できるだけ早く飛行機から降りたいと思うのではないか。みすみす平均的なパイロットに自分の命をあずけるようなことはしないはずだ。

さらに別の想像をしてみよう。

病院で手術を受けようとしている。麻酔が効き始めたとき、執刀医が同僚に「この手術がちゃんとできるかどうか自信がない。手術がうまくできるときもあるけど、失敗してしまうときもある。所詮、私は平均的な外科医だから」と言うのが聞こえた。

もしできるなら、あなたはすぐに手術台から降りて、その場を立ち去るだろう。平均的な医師に命をあずけたくない。だが、たとえ命が危険にさらされていなくても、平均的な人たちとは関わりたくないはずだ。

次の質問に答えよう。

■ **あなたのパートナーは平均的な相手を望んでいるか？** もちろんそんなはずはない。パートナーはあなたを愛していて誇りに思いたいはずだ。あなたのことで引け目を感じたいはずがない。

■ **子どもは平均的な親を望んでいるか？** これも違うだろう。親は子どもの人生で最も重要な要素だ。子どもに「私の親は普通で平凡だ」と思わせるのは、子どもを虐待するに等しい。

■ **部下は平均的な上司の下で働くことに喜びを感じるか？** そんなことはないはずだ。

部下は上司を誇りに思いたいし、自分の上司が素晴らしい人物だと信じたいのである。

■ **去年は平均的な収入だったが、それで満足すべきか？** 違う。平均的な収入ということは、上下の真ん中にいることを意味する。つまり、働いている人々の半分があなたより多く稼いでいるのだ。

■ **金銭的な問題を相談するために、平均的な公認会計士や弁護士、マネーコンサルタントに依頼するか？** おそらくそんなことはしないだろう。お金の管理を手伝ってくれる人が平均的であってはいけない。

「平均」の最もよい定義は次のようなものだ。**平均とは、最高の中で最低であり、最低の中で最高である。**平均という概念には、優秀さや偉大さを示すものは何もない。平均とは「まあまあ」「平凡」「普通」「かろうじて受け入れられる」というレベルにすぎない。

**本書では「卓越性」を「成功をめざす人々があらゆることにおいて追求する高品質」と定義する。**「ほぼ完璧」「非常によい」「最高」と呼ぶべきレベルである。

平均でいいと思っていると、人は安心し満足してしまうので、実際には平均を下回ってしまう。学生は「私は平均点をとったから大丈夫だ」と言って安心する。工場長は「生産性は業界の平均だった」と報告して安心を得る。営業マネジャーは売上目標を達成したから許されると考える。

だが、卓越性の追求とは、単に目標を達成することではなく、目標を超えることであり、要求された以上の素晴らしいサービスを提供することである。私たちが行うあらゆること、仕事でも子育てでもスポーツでも最善の努力をすることなのだ。

あらゆる分野のプロは卓越性を追求する。もし結果が卓越したものでない場合、自分の出来栄えに不満を感じるが、その不満は建設的なものだ。たとえば、勝った試合と負けた試合が同数なら、そのコーチは自分の仕事に不満を感じる。あまり拍手をもらえなかったエンターテイナーも、昨年と同程度の業績しか出せなかった経営者も、自分の出来栄えに不満を感じるものだ。

彼らは人生の勝者であり、「何かをする価値があるなら、それはうまくやる価値がある」という金言を実践している。

過去20年間に、アメリカの生産性がほかの自由主義諸国におくれを取ったことについて、多くの「理由」（実際には「言い訳」）が挙げられてきた。労働倫理の低下、高いエネルギーコスト、福祉制度、高金利、外国との競争など、たくさんある。だが、これらの言い訳は、なぜ多くの企業が倒産し、何百万人もが失業し、大勢の人々が幻滅し落胆しているのかを説明できていない。

経済的混乱とそれが引き起こした社会問題の根本的理由は、国全体が卓越性を追求せず、平均を求めてきたことにある。

その証拠はいたるところにある。

具体例を紹介しよう。

工場労働者「労働組合の契約では時間当たり6ユニットの生産を求めている。それが生産すべき量だ。なぜ平均を超える必要があるのか？　それに、契約が要求する最低限のことをするだけで、組合長は私を気に入ってくれている」

役人「失業の心配はない。なぜ期待される以上のことをする必要があるのか？」

経営幹部　「よい一年だった。業界の平均的な利益を上げることができた」
学生　「前期は平均だった。合格点だから悪くない」

こんなふうに、さらなる努力を続ける人はほとんどいない。それが、本当によい生活を楽しめる人が少ない理由なのだ。

Idea 84

# 恐怖心を断ち切って挑戦しよう。それが後悔を避ける唯一の道だ。

競争を恐れて平均的であることに逃げ場を求める人々を知っているだろう。彼らはこう考える。

「今の仕事なら他の人たちと同程度にできる。もしこの安全な場所を離れたら、うまくいかないかもしれない。平均どころか、平均以下になったり失敗したりするかもしれない」

より大きな、より困難な仕事に対する恐怖心がどのように作用するかを説明しよう。

かつてレスリーという優秀な学生がいた。彼は州立大学の放送学科を卒業し、多くのテレビ局から採用通知をもらったが、結局、人口約7万5千人の故郷の局を選んだ。25年後、私は商工会議所で話をするためにその町を訪れ、彼と会った。安全だが平均的で平凡な仕事を続けていることに不満があるという話を、私は聞かされた。

レスリーは「地元局に入ってから数年間、もっと高い給料、もっと大きな仕事ができるテレビ局からの誘いがありました。でも、私はいつも断っていました」と言った。

「理由はいくらでもあります。大きな仕事に移る前に、もっと経験が必要だと思いましたし、ニュースやスポーツ、天気予報などさまざまな仕事ができる地元局のほうが楽しいとも思いました。でも振り返ってみると、それらは言い訳に過ぎなかったと認めざるを得ません。私は年齢を重ね、テレビでのキャリアも積んできましたが、よいオファーを受け入れなかった本当の理由は恐怖心だったと思います。厳しい環境でやっていけるかどうか怖かったのです。レベルの高い局では、仕事を維持するために優秀でなければなりません。でも私は自分が平均的だと思っています。だから安全を選んで、ここにとどまったのです」

そしてレスリーは続けてこう言った。

「**私の大きな後悔は、自信がなかったことです。**『もししていたら、できたかもしれない』という言葉ほど悲しい言葉はありませんね」

私はレスリーのような人たちをたくさん知っている。偉大になれたはずの外科医、コーチ、富と名声を手に入れられたはずのミュージシャン、起業して成功できたはずの人、経営者になれたはずの管理職、自分の優れた能力を卑下していた教授もいた。彼らはすべて「平均的でもいい」という考えに囚われ、自分を磨くことを怠っている。

Idea 85

# 常に卓越性を追求し努力する人たちに、感謝の気持ちを込めて報酬を与えよう。

不況のさなか、ロサンゼルス空港でシカゴ行きの飛行機に乗る前に昼食をとった。レストランのサービスはひどかった。私のテーブルを担当していたウェイトレスは、無礼で態度が悪かった。彼女は注文していないものを持ってきたのに、逆に私をにらみつけた。まるで私が彼女の人生を台無しにしているかのような表情だった。勘定書を持ってきたときも、彼女は愛想が悪かった。それなのに冷たい声で20％のチップを要求したのだった（言うまでもなく、私はチップを渡すつもりなどなかった。不満足なサービスに対してはチップを渡すべきではないと思う）。

出口で会計を済ませる際、店長に「なぜあんなウェイトレスを雇っているのですか？ロサンゼルスでは10万人が失業しているのに、彼女が最高の人材だと思っているのですか？」と言った。気分を害していた私は、返事も待たずに搭乗口に向かった。

機内に乗り込むと、隣席に乗客がやってきた。数分後、彼は私に言った。

「レストランであなたをお見かけしました。店長におっしゃっていたことも聞きました。まったく同感です。私の席も同じウェイトレスでしたが、最悪でした。でも、ロサンゼルスで10万人が失業しているのに、なぜあのウェイトレスを雇っているのかという質問の意味がよくわかりませんでした。彼女はベテランかもしれませんし、家庭ではシングルマザーかもしれません」

私は、**すべてのことにはよい面がある**と信じていることをその人に話さずにはいられなかった。**「不況でさえも、よい面がある」**と私は言った。

だが、隣席の人はこう言った。

「不況にもよい面があるなんて理解できません。私はシカゴで通販会社を経営していますが、不況下では、すべてのことが事業にマイナスになっています。こんな時期によいことなどありえません。世間の人々が不況と呼んでいるものに利点があると思うなら、それが何か教えてください」

私はこう答えた。

「私の事業のひとつは松の木の栽培です。約10年に1回、暴風雨に見舞われます。その状況でのネガティブな面は、停電、道路の凍結、暖房なしで数日間過ごさなければならないことですが、ポジティブな面もあります。木々が剪定されるのと同じ効果があるのです。枯れ木は倒れ、弱い枝は落ちます。最終的な結果として、暴風雨が去ったあと、林業を営む人々には健康的な森が残されるのです」

すると、隣席の人は言った。

「それは理解できます。でも、それが不況とどう関係があるのですか？」

私はこう説明しました。

「不況は暴風雨のように、組織を『剪定』する作用があります。つまり、自分のすべきことをしていない人々を除去するときなのです」

すると隣席の人は言った。

「私の会社は300人の従業員がいて、今月末までに50人を解雇しなければなりません。勤続年数の少ない順に辞めてもらおうと考えています」

私はこう話した。

「あなたの会社のことには口出ししませんが、不況が終わったときに、今よりもさらに強くて健全で活気のある組織にしたいのなら、今のうちに従業員を『剪定』するのが得策です。たしかに解雇するのは楽しいことではありませんが、選択の余地がない場合は、最も生産的な人たちだけを残すべきでしょう」

約半年後、その人から電話がかかってきた。熟慮の末、勤続年数ではなく業績に基づいて解雇することにしたという。それは困難だったが正しい決断だったと彼は言った。

「50人を解雇しなければなりませんでしたが、驚くべきことに、今では２５０人の従業員で、それまでに３００人でしていたのと同じ仕事ができています。しかも大きな学びがありました。現代社会は雇用を守ることを重視していますが、それは必ずしも正しいことではありません」

明日、オフィスで考えてみよう。やる気のない平均的な従業員を容認するのをやめれば、事業がどれほど効率的になりコストが下がるだろうか。

**卓越を追求する人々に賭けよう。平均的でいいと思っている人たちに賭けてはいけない。**

Idea 86

# 平均的でいいという考え方を捨てよう。それは成長と発展を妨げる元凶である。

覚えておこう。平均とは最低の中の最高であり、最高の中の最低だ。よりよい、より豊かな、より満足のいく人生を築いていくために、以下の3点を肝に銘じよう。

**第一に、自分がすることすべてで卓越性を追求することだ。「何かをする価値があるなら、それはうまくやる価値がある」という金言を理解しよう。**すべての仕事は重要であり、可能なかぎり最高の方法で遂行されるべきだ。最高の仕事をすれば、より多くのお金を稼ぐことができる。そして、あなたが本当に求めている、大きな満足感を得ることができる。

**第二に、平均的な考え方を嫌悪することだ。平均的な考え方はあなたの夢を実現してく**

**れない。**子どもは「パパやママは平均的な親だ」とは言いたくない。上司はその上司に「私の部下は平均的なセールスパーソンです」とは言いたくない。もしあなたが平均的な人のように見え、考え、話し、行動するなら、誰もあなたを誇りに思わないだろう。

**第三に、最高の人々と競争することを楽しみにすることだ。大きなことに挑戦しなければ、自分がどれだけ優れているかはわからない。**平均的な人々は仲間を求める。彼らは他人が自分のレベルまで落ちるのを見て喜ぶ。そういう邪悪な喜びは否定しなければならない。平均的な仲間があなたを彼らのレベルまで引き下げることを許してはいけない。勝者から助言を得るべきだ。最高の人々をモデルにしよう。卓越性を追求して前進を続け、その成果を楽しもう。

Idea 87

# 人は真似をすることで学ぶ。リーダーとして正しいお手本を示そう。

ある広告会社の重役が、人との関わり方について大きな教訓を学んだ話をしてくれた。

「当時、私は22歳で、大学を卒業したばかりでした。広告代理店で役員のアシスタントという仕事を得ることができたのです。ところが上司のビルはとても短気で、アーティストやコピーライターといったクリエイティブな人たちに失礼な態度をとっていました。彼は仕事相手にかみつき、彼らのアイデアを嘲笑し、彼らを見下していました。

彼の人の扱い方が好きではありませんでしたが、私にとっては初めての仕事でしたから、それが正しいやり方だと思い込みました。彼は役員なのだから、彼のやり方が正しいはずだと考えたのです。

ある金曜日、外出先から戻ると、上級副社長のキャンベル氏に会うようにとの伝言がありました。そこでキャンベル氏を訪ねたところ、会うなり、こう告げられました。『ビルを解雇した。彼はクリエイティブな人たちの協力を得ることができなかったからね。これからはジャックの下で働いてもらうよ』と。

ジャックはビルとは正反対のタイプでした。ジャックはクリエイティブな人々が必要であり、重要であるという認識を持っていました。彼は一貫して礼儀正しく、理解力がありました。私たちは多くのことを成し遂げ、次々とキャンペーンを成功させました。

もし、あのままビルの下で数年働いていたら、私はどうなっていたでしょうか。ビルの行動パターンを身につけていたら、きっと失敗していたでしょう。しかし、まるで神様が見守ってくれていたかのように、私はジャックと仕事をする機会を得ました。彼をお手本にして本当によかったと思います」

彼の経験はふたつの大きな教訓を与えてくれる。

- 昇進するたびに、「部下に模範を示しているか?」と自分に問いかけよう。あなたが常に全力を尽くすなら、部下もそうするようになる。
- 誇りに思えるお手本を選ぼう。仕事に就く前に「上司となる人の行動パターンを身につけたら満足できるだろうか?」と自分に問いかけよう。

Idea 88

# 子どもは周りの大人を真似して成長する。子どもによいお手本を示そう。

あるとき、全米中で公立学校の教師のストライキがあった。その中にはネガティブで批判的なものもあった。その教師たちは「教育委員会はけしからん。教師への搾取をやめろ」などと書いたプラカードを掲げた。

私は教師たちのこの騒動が気になった。自身の待遇について、徹底的に反抗する教師たちの姿は、生徒たちの心に残るだろう。

こんなことで、どうやって生徒たちが学校や教師を尊敬するようになるだろうか。

ストライキが1カ月以上も続いている学区の母親が私に話してくれた。

「私たち夫婦は本当に困っています。二人の子どもは教育を受ける機会を奪われているのですから。これは不公平ですよ」

「私も不公平だと思います。しかし、できることはありますよ。私立学校に行かせればいいのです」

「私たちもそう考えましたが、私立学校に通わせる余裕がありません。すでに学費を払っていますからね」

私はすぐにこう答えた。

「経済的に負担がかかるかもしれませんし、私立学校と公立学校の両方にお金を払わなければならないのは不公平だと思います。しかし、あなたがたは子どもたちに最高のものを与える義務があるのですよ。日々のお金の使い方を見直してみてはいかがですか。教師が素晴らしいお手本を示してくれる学校に子どもを入れるために必要なことは何でもしなくてはいけません」

私はまた、給与の数％の違いで教えることを拒否するような教師に接することが、子どもたちにとってどれほどよくないかも指摘した。もし教師たちが給与の問題でネガティブな感情を抱いているのなら、あなたたちの子どもに対してもどんな嘆かわしい「お手本」を示しているかわかったものではないからだ。

公立学校の問題は教師の給与を上げても解決しない。解決策は、教えるという仕事に情熱がある教師を採用することである。教えることの魅力は、聖職と同様、金銭的な報酬ばかりではないし、そうであってはならない。若い心を成長させ、家庭やほかの人々、そして国家に対する健全な価値観を育む手助けをすることが、教職に就く者の任務であるべきだ。

その母親は私の言葉を理解してくれた。その3日後、彼女の子どもたちは私立学校に通っていた。

**「行動は言葉より雄弁である」**という古来の格言は真実である。私たちがしていること、行動や反応の仕方、状況への対応の仕方は、私たちが話す言葉よりもはるかに多くのことを子どもに教えている。

アルコール依存症の親を持つ子どもは、親が酒を飲まないか、ほどほどにしか飲まない場合に比べ、飲酒の問題を抱える可能性がはるかに高いことは、統計からも明らかである。子どもは親をよく見ているのだ。

子どもを虐待する親は、自分自身が子どもの頃に虐待を受けていたケースが多い。虐待を受けて育った子どもは、成長してから今度は自分が虐待する番だと考えるのだ。

貧困状態にある大人の大半は、子どもの頃に貧困を経験している。数百万人というアメリカ人の成人は、生涯を貧困の中で過ごしてきたため、貧困を当たり前のことと考えている。貧困にあえぐことがお手本になってしまうのだ。

教会に通うアメリカ人の成人のほとんどは、子どもの頃に教会に通っていた。逆もまた真である。教会に行かない成人のほとんどは、幼い頃に教会に通っていなかった。

子どもを捨てる親は、たいてい子どもを捨てた親の子である。

労働組合を支持している親の子どもは、会社に恩義を感じる親の子どもより労働組合を支持するようになりやすい。

意識的であれ無意識的であれ、親の習慣や考え方、偏見が、何らかの形で子どもの行動パターンのモデルとなる。

**子どものしつけの大半は、言葉ではなく模範を示すことによって行われる。だから、ポジティブで建設的なお手本を示そう。**

Idea 89

# 接客の仕方を部下に教えるには、上司がお手本を示すのが最高の方法。

先日、私は全米有数の百貨店チェーンで講演を行った。この会社の会長とは25年前に彼がキャリアをスタートさせたころからの知り合いだったからだ。私は彼に言った。

「長い道のりを歩んできましたね。才能があるとは思っていましたが、会長にまで上り詰めたのは、何か特別なことをしたのでしょうね！」

友人は笑って言った。

「あなたが教えてくれた経営の秘訣をひとつだけ実践してきたのです」

私は好奇心を刺激されて「それは何ですか？」と尋ねた。

「これですよ。あなたは私たち研修生全員に『**もし世界のすべての人が私のように振舞ったら、この世界はどうなるだろうか？**』という言葉を暗記させました。それ以来、私はその一文を常に考えながら生きてきたのです。今では『もしすべてのマネジャーが私のように振る舞ったら、当社はどうなるだろうか？』と言っています。そしてそれは、私のキャリアと、私に対して責任を負う数百人のマネジャーたちに素晴らしい効果をもたらしています。当社のマネジャーは、よいお手本を示して部下を育てるように教えられています」

「特にどんなことをしていますか？」と私は尋ねた。

「私は3つのことに集中しています。まず、『**接客**』です。マネジャーは全員、毎日何時間かは顧客と接しています。これは従業員の助けになります。結局のところ、販売方法を教える最善の方法は、その販売方法を見せることなのです。私を含めたすべてのマネジャーが、どんな仕事でもこなす姿を見せることは、従業員の士気を上げることにつながります。

ふたつ目は『**資源の尊重**』です。つまり、商品、備品、設備を尊重するということです。マネジャーが商品を大切に扱い、適切に陳列すれば、従業員もそうするようになります。

3つ目は『**プロらしい外見**』です。マネジャーは、従業員がきちんとしていて、清潔感があり、控えめであることを示すドレスコードを確立しています。

私の考えでは、以上が正しい態度と技術を身につける唯一の方法です。接客の仕方を教えるには、接客の仕方を見せる以外に方法はないのです」

# 意見をはっきりと述べる姿勢がリーダーシップを示す。

リーダーは意見をはっきりと言う。過去の偉大なリーダーたちについて考えてみよう。チャーチルは演説の達人だった。ルーズベルトもそうだ。キング牧師は演説で大勢の人々を魅了した。ヒトラーは最悪の悪魔だったが、それでもリーダーだった。彼は著書『我が闘争』の中で、リーダーシップを発揮するうえで演説の重要性をこう力説している。「書かれた言葉よりも話された言葉のほうがはるかに強く人々の心をとらえることができる。そして、この地球上のあらゆる偉大な活動は、書くことに優れた者たちではなく、話すことに優れた者たちによって行われてきた」

ビジネスの世界では、会議や打ち合わせで自発的に建設的な発言をする人が（メモをとっている人ではない）責任のある地位に昇進していく。

しかし、自分の意見を言う自信のある人は少ない。

最近、成長企業の会長を務める友人と昼食を共にしたとき、彼は私に言った。「当社には15人の取締役がいます。年に4回取締役会を開くのですが、彼らのうち3、4人しか発言しません。ほかの取締役に話をさせるには、具体的な質問をして個別に『ジョン、これについてどう思う?』などと問いかけなければなりません」

私は友人に、「発言する人が少ないのはどの会議でもよくあることだ」と言った。10から20人の参加者がいたとしても、そのうち25%しか自発的に発言しない。残りの75%はただ座っているだけだ。

さらに私は友人にこう言った。

「会議で黙っている人は、その後2、3人のグループになると話をするものです。正式な会議中に何も言わない人は、会議のあと、オフィスや昼食時、仕事が終わったあとで、言いたいことを言うのです」

最近出席した会議を思い出してほしい。マネジャー会議や営業会議で発言したのはほんの数人だっただろう。だが、会議のあとで、それまで黙っていた人たちが2、3人のグループに分かれると積極的に発言していた可能性が高い。

多くの人が意見を言わない理由は、ひと言で説明できる。恐怖心だ。嘲笑されることへの恐怖、批判されるようなことを言ってしまうことへの恐怖。失敗を恐れるあまり、人々は沈黙を守るのだ。人前で何かを言うのは勇気と自信がいる。

「黙っていてバカだと思われるほうが、口を開いてそれを証明するよりましだ」という古いことわざを信じる人がいる。だが、このことわざは人々を間違わせる。**沈黙を実践すれば、人に影響するチャンスを大きく減らすことになるのだ。**

**成功するための能力として、他者に語りかけ、注意を引きつけ、自分の主張に賛同させる能力ほど重要なものはない。**

私たちの教育制度は、この成功の秘訣を無視している。経営学を含む多くの分野で博士号を取得しても、話し方の指導を受けることはない。一方、積極的に自分の意見を言う方法を学ばないかぎり、その分野で指導的立場に就くことはできない。

意見を述べる習慣を身につけるための6つの方法を紹介しよう。

### ①発言する

質問をしたり、意見を述べたり、個人的な経験を話したり、なんでもいいから出席するすべての会議で何かを発言することだ。発言すれば、目立つようになる。黙っている75％の集団とは手を切ろう。議長を務める人々は、アイデアや提案、有益な意見を求めている。自発的に意見を述べることで、あなたはリーダーシップがあることを証明することができ、それは必ず報われる。

「会議では必ず何か言おう」と自分に言い聞かせよう。難しいかもしれないが、話すことの恐怖を克服する唯一の方法は、話すことだということを覚えておこう。

### ②自分の意見をポジティブに表現する

「アイデアを思いつきました。たぶんうまくいかないでしょうけど……」などという前置きをして自分の発言を弱めてはいけない。提案する前に、自分の提案の価値を貶めないことだ。「この車はお気に召さないでしょうが、とりあえず見ていただけますか？」と言うセールスパーソンから車を買いたくなるだろうか？

## ③ 正直に伝える

第二次世界大戦中、チャーチルはイギリス国民に真実を伝えた。「勝つためには、血と汗と涙が必要だ」と言ったのだ。会社が経営難に陥っても、偉大なリーダーなら「回復への道のりは険しい」と正直に伝える。

リーダーを目指す人の中には、成功への安易な道を約束する者もいる。だが、人々は真実に最もよく反応するものだ。

前回の不況時、多くの企業が組織の存続のために従業員に賃金カットを求めた。交渉のテーブルで正直に事実を示した企業は、従業員に減給や労働時間の短縮を受け入れさせるのにあまり苦労しなかった。

**人々に真実を伝えれば、あなたは支持される。真実を伝えないなら、無視される。**

## ④ 批判には前向きに対処する

批判されたり笑われたりすることを喜ぶ人はいない。人前で間違いを犯すのは屈辱的だ。誰もが恐れているのは、自分が間抜けなことをしてしまうことである。発音や文法を間違えたり、言いたいことを忘れてしまったり、あとで間違いを指摘されたりすることだ。

誰もが批判を嫌う。批判に対処する方法は、批判を予想し、それをほめ言葉として受け入れることだ。

考えてみよう。アメリカで最も批判されているのは、テロリストではなく大統領だ。大統領が何を言っても批判するコラムニストがいる。無知で怠惰な人々も、自分は何もしないくせに、大統領は何もしてくれないと批判する。

ビジネスの世界では、清掃員を批判する人はいないが、経営者の言動に難癖をつける人は大勢いる。

だから、批判されることを喜ぼう。それはあなたが存在感を発揮している証拠だ。最前線に立つには強さが必要なのだ。批判されることに誇りを持つべきだ。

## ⑤ 情報を与え、励ます

攻撃してはいけない。成功するプレゼンテーションは、情報と励ましをうまくブレンドしたものだ。

よいスピーチをする人は、他人の考えを攻撃しない。ほかの人が自分の意見に反することを言ったとしても、攻撃したり、その人の間違いを証明しようとしたりしてはいけない。

ポジティブで建設的であることは有益だ。ある広告代理店の役員が、清涼飲料水の広告で数百万ドルを獲得した経緯を話してくれた。

「ほかに3社の代理店もキャンペーンの企画をプレゼンしていました。クライアントは彼らのプランを私に伝え、『彼らの戦略を批判することで、貴社のプランが伝わりやすくなるのなら、遠慮なくそうしてください』と言いました」

「そうなさったのですか?」と私は尋ねた。

「とんでもない」と彼は答えた。「私はプレゼンテーションの冒頭でこう言いました。『あなたが検討しているほかの広告代理店には、優秀でクリエイティブな人材がいます。しかし、当社の戦略は唯一無二の案ですから、他社の戦略と比較するつもりはありません』。そして自社のプランを説明したのです。私のプレゼンは断然優れていました。もし当社がなぜ最高の代理店なのかを証明しようとしていたら、議論を引き起こしていたでしょう。競合他社への攻撃を控えることで、当社は争いを避けて広告費を獲得できたのです」

覚えていてほしい。心の狭い人間はこぶしや棍棒で戦う。彼らより少しましな連中は言葉で戦う。**本当に心の広い人々はまったく戦わない。**

自分のプランがほかの誰かのプランより優れていると言ったり、攻撃したりすると、意思決定者の一部は競合他社を支持する側に回ってしまう。

競合他社を貶めることなく、自分のプランをポジティブかつ良心的に説明するだけでいい。くれぐれも競合他社を貶めてはいけない。負ける戦争になるだけだ。

アイデアであれ製品であれ、何かを販売する際には、自分が提供するものの優れた点に全力を注ぐことだ。競合他社のアイデアや製品を攻撃してはいけない。自社製品が他社製品よりいかに優れているかを示すCMは、結果的に他社製品を無料で宣伝している。

## ⑥シンプルに話す

エマーソンは「**偉大さほどシンプルなものはない。それどころか、シンプルであることはまさに偉大であることだ**」と言った。

機械に不必要な部品があってはならないように、発言にも不必要な言葉があってはならない。

よく使われる表現を見てみよう。上が悪い表現、下がよい表現だ。

- 現時点では↓今では
- できるだけ早急に↓すぐに
- 感謝の意を表します↓ありがとうございます

■ 筆者は次のように考える→私はこう思う
■ ～という事実を勘案すると→～だから
■ これ以上の遅滞がないように→ただちに

大げさな言葉や長たらしい言い回しは、堅苦しく、尊大な印象を与える。**子どもにもわかるシンプルな表現を使おう。**自分がどれだけ頭がいいかを誇示するために話してはいけない。

エマーソンの教えを実践しよう。何をするにもシンプルにすることだ。オリンピックの飛び込みのチャンピオンは、複雑な飛び込みをするときに余計な筋肉を使わない。名優は、演技をしているように見えないために、猛烈な努力をしている。

Idea 91

# 大きな成果をあげたければ、積極的に周りの人に協力してもらおう。

カリフォルニア州にある電子機器企業の代表が、参加型マネジメントと呼ばれるものをどのように活用してキャリアを築いてきたかを語った。彼の経験はリーダーシップについて多くのことを教えてくれる。

海軍兵学校を卒業して最初に任命されたのは、空母の電子機器担当士官でした。しかし、私はすぐに技術的なことについてほとんど知らないことに気づきました。とはいえ経験豊富な下士官が何人も配下にいることがわかったので、毎日彼らを集め、その日の仕事の概要を説明し、どのように進めたらいいかについて彼らに意見を求めました。彼らの反応は素晴らしいものでした。あとで知ったのですが、彼らの前の上司だった士官は、意見を求めたことがなかったそうです。彼らは私の参加型マネジメントの手法を気に入ってくれました。
除隊後、電子機器メーカーに就職しましたが、ここでも部下のアイデアとスキルがいかに重要かを悟りました。彼らに手伝ってもらえば、確実にうまくいくと再認識したのです。おかげで早く昇進することができました。2年前、37歳のときに社長に就任しました。私の成功はリーダーシップの一つの方法によるものだと思います。それは、研究開発に部下を積極的に参加させ、やる気を引き出すことです。

ほかの人に協力してもらう方法は次のとおりだ。

## ① 他者への称賛を惜しまない

リーダーは功績を独占してはならない。称賛を受けるリーダーは、常にその称賛を部下に与える。賢いフットボールのコーチは、勝利の手柄を自分のものにしない。彼はチームに称賛を与える。そうすることで、チームはさらに頑張ろうという気持ちになる。だから祝福されたり表彰されたりしたら、その称賛を部下の士気を高めるために共有するのだ。

営業マネジャーは、成績が上がってもその手柄を独占してはいけない。部下の営業スタッフに手柄を与えるのだ。生産が目標を超えたら、工場長は作業員たちを称賛するべきだ。

## ②物事がうまくいかないときは全責任をとる

リーダーは権限を委譲することはできても、結果に対する責任を委譲することはできないことを理解しなくてはいけない。

１９８４年、３１２人の海兵隊員がベイルートでテロリストに殺された。レーガン大統領は最高司令官として賢明にもこの悲劇の全責任を負った。もし彼が海兵隊司令官を非難していたら、リーダーとして行動しなかったことになる。そして厳しい批判を受けただろう。

## ③人間の本質を研究する

偉大なリーダーは人間を研究する。そして人間の本質に関する知識は、成功、富、幸福を得るのに必要な最も重要な情報である。単なる仕事の知識では十分ではない。コンピューターのプログラムができるからといって部門を運営できるとはかぎらない。販売方法を知っているからといってセールスマネジャーになる資格があるわけではない。

知識そのものは力ではない。知識は力の原料であり、それを活用する必要がある。並外れた知識を持っているのに、ボーイスカウトを率いることすらできない人を知っているだろう。リーダーシップとは、他人の知識を活用し、調整し、組み合わせることなのだ。繰り返すが、リーダーシップとは人間の本質に関する知識であり、仕事に関する知識ではない。

こんな例を考えてみよう。大学の学長になりたいとしよう。その準備をするために、大学で教えているすべてのコースを受講することに決めたとする。そうすると、準備が完了する前に、あなたは2500歳になっているだろう。

あるいは、ゼネラル・モーターズの経営者になることが目標だとしよう。そのポストに就くために、同社のすべての仕事を習得することにしたとする。これもまた準備が完了する前に、あなたは2500歳になっているだろう。

リーダーは自分よりはるかに専門的な知識を持つ人々を管理できなければならない。

有能なリーダーになるためには、人間の本質の研究に集中する必要がある。部下を互いに協力させ、最善の努力を払わせ、献身的な姿勢を身につけさせる方法を学ぶのだ。

Idea 92

# うまくいく人は優先順位を知っている。リスクを取ることを第一に考えよう。

数年前、短時間のフライトで、偉大な哲学者、ロバート・シュラー博士と隣り合わせになった。彼はリーダーシップの素晴らしい教訓が得られる刺激的な名言で知られる。「なぜ多くの人は別れる際に『気をつけて』と言うのだろうか？　私たちの国は、リスクを取る人々によって築かれるのであって、気をつける（つまり、安全策を取る）人々によって築かれるのではない。可能性を現実に変えるには、常にリスクを取る必要がある」

重要なリーダーシップの考え方がここにある。

**すべてのビジネスは、リスクを取る人によって始められる。新しいビジネスを成功させるには、リスクを取り続ける必要がある。**

実際、すべての偉大な功績は、リスクを取ることによってもたらされる。クリスチャン・バーナード博士は世界初の心臓移植手術を行ったとき、外科医としての名声を危険にさらした。リー・アイアコッカはクライスラー社の再建に成功するために大きなリスクを取った。そしてノーマン・ヴィンセント・ピール博士は名著『積極的考え方の力』(ダイヤモンド社)を出版したとき、牧師を解任される危険を冒した。

残念なことに教育は、リスクを取って利益を得る方法ではなく、リスクを回避する方法を教えることに力を注いでいる。わが国のビジネススクールが生み出すのは、企業に就職する5人の卒業生に対してリスクをとって起業する1人の卒業生という割合だ。私の観察によれば、教授たちはリスクを回避する方法を教えることに、リスクを取って成功する方法を教えることの5倍の労力を費やしている。

「○○社に投資しておけばよかった」「××社に就職しておけばよかった」など、「こんなことをしておけばよかった」という言葉を何度くらい耳にするか記録しておこう。「ああすればよかったのだが、しなかった」と言うのは不幸な人々だ。

成功や富や幸福を手にする人は皆、平凡に生きることを選んだ人よりも多くのリスクを取った。リスクを取れば、自分の能力を発見することができる。

覚えておこう。リスクを取らなければ何も得られない。あるアマチュア作家は「出版社に原稿を送ったことが一度もありません。どうせ採用されないでしょうから」と言った。ある若者は、なぜ営業職に就かなかったのかをこう説明した。「営業に必要な才能が自分にあるとは思えませんでした」と。彼は挑戦するリスクを取らなかったのだ。また、転職しなかった理由をこう説明する人は多い。「転職は不確実さを意味しますから」と。

リスクを取ることはギャンブルではない。**リスクを取れば、結果をある程度コントロールできる。**だがギャンブルなら、結果はすべて成り行き任せだ。

最近、私はデトロイトでジャックという男に会った。ジャックはゼネラルモーターズで17年間エンジニアとして働いていた。彼は言った。

「仕事はうまくいっていましたが、全力を尽くすことはできませんでした。それで、何年も自分でビジネスを始めようと考えていました。しかし、いつもそれができない理由を見つけていました。お金がない、失敗するかもしれない、家族にも自分にも収入が必要だ、などという言い訳です。でもついに、妻は私に思い切ってやってみるように促したのです。『今のあなたは幸せではない』と彼女は言いました。そして『あなたなら成功する』と励ましてくれたのです。それで私は会社を辞め、自分の会社を設立しました。2年間、私は一人ですべての仕事をこなしました。特別な装備の自動車を求める企業に自分のサービスを売り込んだのです。今はとてもうまくいっています」

私は、不確実な未来のために確実な現在を手放す勇気が彼にあることを称賛した。

ジャックはこう続けた。

「お伝えしたいことがまだあります。以前より自分のことが誇らしく思え、さらに自信が生まれ、自分のことを本当によく思えるようになりました。でも、もうひとつよかったことは、妻と子ども、友人が以前より敬意を示してくれるようになったことです。思い切って独立した私を称賛してくれているのです」

リーダーとして、以下の原則を実践しよう。

- 卓越性を追求する。大きな満足感は、あらゆる活動で全力を尽くすことから生まれる。平均的な努力では十分ではない。
- 自分のすることすべてで他人のお手本になる。すすんでお手本を示そう。
- すすんで発言する。発言することで恐怖心を克服するのだ。
- 目標を達成するために他人の助けを求める。だから人々の協力を得よう。
- 物事がうまくいかないときは全責任を取る。
- ほかの人々の知識を活用する。
- リスクを取る勇気を持つ。リスクを取ることは成功するために不可欠だ。それは呼吸が生命にとって不可欠であるのと同じだ。

# 第10章

# 資産形成に挑戦することは、とてもワクワクするゲームだ

Idea 93

# すべてうまくいっている人とは、空想を実行に移した夢想家だ。

■アメリカでは、今から24時間以内に219人が新たに億万長者になる。
■わずか30日以内に6570人が富裕層の仲間入りをする。
■1年以内に富裕層が約8万人、10年以内に約80万人増える。
■10年後、64世帯のうち1世帯が富裕層になる見込みである。

以上の予測は、お金持ち研究の第一人者であるトマス・スタンリー博士の12年におよぶ研究に基づいている。

新たに億万長者になった人たちの構成はさまざまだ。貧しい家庭の出身者もいれば、上流階級の出身者もいる。低学歴の人もいれば、高学歴の人もいる。病弱な人もいれば、頑健な人もいる。

だが、**新たに億万長者になった人たちの共通点は、成功と幸福を手に入れる夢を持ち、その実現に向けて努力したことだ。**

**すべてうまくいっている人とは、空想を実行に移した夢想家のことだ。本当に豊かな人とは、非凡な結果を出した凡人のことだ。**

億万長者は、小売業、コンピューター関係、医療、農業、ごみ処理、芸能界、不動産業、製造業、金融業などさまざまな分野で生まれる。

運が個人の経済的運命を決定すると信じている人がいまだにいるが、運に頼ってはいけない。運よく財産に恵まれる確率はきわめて低いからだ。にもかかわらず、毎日、運に恵まれることを信じて暮らしている人は数え切れないほどいる。

最近、講演で「1時間に9人が億万長者になっている」と聴衆に言ったところ、「そんなに多くの宝くじがあるとは知らなかった」と真顔で言った人がいた。

多くの人は役者や芸術家、作家などの創造的な職業かプロのスポーツ選手になることがお金持ちになる唯一の方法だと信じ込んでいる。

だが、それは大間違いだ。

役者、芸術家、作家の99％が生計を立てるために副業にいそしんでいるのが実情である。また、フットボールに励む若者の中でプロになれるのは1万2千人に1人しかいない。

「富がどのように分配されるのか？」と疑問を抱く人は多い。政府の統計によると、富の分配は40年前とほとんど変わらない。

財産と永続的な繁栄を築くための5つのカギを紹介しよう。

**1** 資産の蓄積に徹する。

**2** 経済的自由税を払う。

**3** 自分の経済事情を把握する。

**4** 愚かな借金を避け、利口な借金をする。

**5** 来るべき黄金時代に参加する。

Idea 94

# 戦略を間違えて失敗する人より、行動できなくて失敗する人のほうが多い。

経済的成功を手に入れるために理解しておかなければならない考え方がある。それは、**投資戦略よりも資産形成に徹するほうが重要だ、**ということだ。

投資戦略が間違っているために失敗する人よりも、資産形成に徹する姿勢が足りないために失敗する人のほうが多い。どんなにすぐれた投資戦略でも、それを成功させようという「ひたむきさ」がなければうまくいかない。

**ひたむきさは自制心から来る。自制心は、目標を必ず達成するという意志を必要とする。**

残念ながら、ほとんどの人が自制心を発揮できていない。適切な訓練を受けていないからだ。そこで、権威者が常に自制心の代わりを提供してきた。

自制心とは、自分で自分を律することだ。しかし私たちは幼いころ親から「こうしろ、ああしろ」と言われた。親の基準に合わない行動をとれば、叱られて直された。学校に行くと、教師から「こうしなさい、ああしてはいけない」と言われて型にはめられた。「しっかり勉強しないなら落第する」と脅された。クラブ活動でも、「グラウンドをもう1周走らなければレギュラーになれない」と言われた。

こうした経験の結果、ほとんどの人は学校を卒業するまでに、自分がすべき課題を他人任せにする癖がついてしまい、自己管理ができなくなった。

多くの人は時間どおりに出勤するだけの自己管理ができないので、雇用者はタイムカードを導入して従業員を管理しているし、服装規定を定めて従業員の服装をチェックしているのが現状だ。

自制心は家庭や学校では教わらない場合が多いので、多くの人は他人に管理してもらうことを期待しながら人生を送る。「何をすればいいか、それをどうすればいいか、いつすればいいか教えてほしい」という姿勢が、ほとんどの人が選ぶ生き方だ。そこで人々は、重要な決定を他人任せにする。高齢になると、政府が提供する社会保障に頼りきりになる人が多いのは、そういうわけだ。

Idea 95

# 諸悪の根源はお金ではなく、お金がなくて困っていること。

「給料が増えたら投資を始める」というやり方は、まずうまくいかない。ほとんどの人は昇給の前に、もっといいマンションや新車、素敵な服、休暇などの誘惑に駆られる。今かろうじて生計を立てている人は、給料を1割アップしてもらっても、かろうじて生計を立てる状況が続く。ほとんどの人は昇給した分、さらに多く使うからだ。大多数の人は自制心が足りないから、いつまでたっても、かろうじて生計を立てる状態から抜け出せない。

その解決策は、自制心を発揮することだ。**収入が増えたなら、投資の割合をさらに高くしよう。**

「しかし、投資するだけのお金が少ししかない」と反論するかもしれない。**最初にいくら投資するかはさほど重要ではない。小額の資金の積み重ねはやがて大金になる。**

「お金は人間を腐敗させる。私は富を築きたくない」と言う人もいるだろう。彼らは「お金は人間を堕落させ、家庭を崩壊させ、薬物乱用につながり、犯罪の温床になり、人々を不正行為に駆り立てる」などと主張する。

だが、**諸悪の根源は、お金を持ちすぎていることではなく、お金を少ししか持っていないことだ。ほとんどの社会問題の根底には貧困がある。**次の事実について考えてみよう。

- 所得が低い地域ほど、犯罪率が高い。警察は全国で最も貧しい7％の地域での取り締まりを強化するために83％の時間を使っている。
- 貧困層ほど、アルコール依存症と薬物依存症の発生件数が高くなる。最も貧しい2割の人々は、最も豊かな2割の人々よりもアルコールを3倍多く消費している。
- ほとんどの虐待は、子どもに対してであれ、配偶者に対してであれ、高齢の親に対してであれ、金銭トラブルと密接な関係がある。
- 家庭内の問題と離婚の主な原因は金銭問題に由来する。今、この瞬間にも多くの人がお金に関する問題で口論をしている。金銭問題は、ほかのすべての問題を全部合わせたよりも頻繁に口論を引き起こす。

Idea 96

# 自分自身に10％の「経済的自由税」を課そう。

資産家は、自分の稼いだお金の一部を投資する習慣を持っている。彼らは自分の収入の一部を活用し、さらにお金を儲けることでお金持ちになったのだ。

確実に資産を築ける方法を紹介しよう。

**自分に「経済的自由税」を課すのだ。**今の収入がどれくらいであれ、一定の割合で自分に「税金」を払うのだ。

私が勧めるのは最低でも10％だ。この税金を自分の収入に課そう。

たとえば、月収が2千ドルなら200ドルの税金を課す。そして、その経済的自由税を将来に役立てるために投資するのだ。

税金を払うのが好きな人はいないが、法律で定められているから誰もが従っている。そこで、政府が課すのと同じ義務を自分に課そう。これは自分に利益をもたらす画期的な方法である。

税金を実際にいくら払っているかをきちんと知っている人は少ない。試しに、周りの人に「所得税はどれくらい払っていますか？　住民税は？　消費税はいくらくらいですか？」と尋ねてみよう。おそらく「税金をどれだけ納めているかはわかりません。ただ、税金を払いすぎているので、給料日前じゃお金がないということだけはわかっています」といった答えが返ってくるだろう。

自分に１００％の利益をもたらす経済的自由税は、あなたが喜んで払える唯一の税金だ。働けるのに働こうとせず、社会保障に頼って生きていこうとする人たちのために経済的自由税が使われることはない。また、国が勝手に徴収することもない。

**経済的自由税は、その名のとおり経済的自由を手に入れるためのお金である。定期的に納めて賢く投資すれば、経済的自由という素晴らしい目標を達成することができる。**

経済的自由税をどう使うかは、自分で決めることができる。自分のお金だから、株や土地、マンション、家などに投資することもできる。しかし、投資について多少なりとも知識を身につけるまでの間は、経済的自由税を貯蓄に回すのが無難だろう。

もちろん、投資や貯金に限らず、海外旅行や食事、住宅など、自分のために使ってもいい。またこのお金は、人々を助けるために使うこともできる。慈善事業は政府に任せるべきものではない。

多くの人は「経済的自由税という発想は興味深いが、月末になるとお金が残っていない。たとえ経済的自由税が全額戻ってくるにしても、今の自分にはそれができない」と言うだろう。

だが、それはできる。

スーパーマーケットでパンを買うときに「私は消費税を払いたくありません。消費税を加算しないでください」と言ったところで、聞いてくれるレジ係はいないだろう。

あるいは会社で、「今ちょっと経済的に苦しい状況です。子どもは病気になるし、家賃は上がるし、車は故障するし、とにかく出費がかさんで大変なんです。今月は所得税を天引きしないでください」とどんなに頼んだところで、雇用者は首を横に振るだろう。

経済的成功を収めるすべてのステップと同様、経済的自由税はきわめてシンプルだが、最初のうちは実行するのが難しい。「今は生活が苦しいので、今月ではなく来月から経済的自由税を払おう」と思っている人は、自分にウソをついている。

Idea 97

# 収入と資産は同じではない。高収入でも裕福になれるとは限らない。

汗水垂らして稼いだ大金をすっかり失う高額所得者が後を絶たない。ボクシングの元ヘビー級チャンピオン、ジョー・ルイスは莫大な賞金を獲得したが、晩年はラスベガスのカジノで用心棒として雇われていた。議会は彼に敬意を示す意味で、滞納している税金の徴収をしない特別法案を可決した。ジョー・ルイスは税金すら払えなかったのだ。

一時期、億万長者として贅沢な暮らしをしたスポーツ選手や映画俳優、タレント、有名人が、晩年になって借金まみれになるケースは少なくない。

**収入と資産を同一視してはいけない。収入は稼ぐもので、資産は築くものだ。高収入を得ているからといって裕福になれるとは限らない。**

最近、40代後半の男性に会った。今までに稼いだ金額は300万ドル以上もあるのに、手元には3万ドルしか残っていないという。その理由を彼は次のように説明した。

「私は大金を稼ぎましたが、でたらめな投資をしました。2回の離婚を経験しています。さらに、数年前に国税局とトラブルを起こして以来、当局に目をつけられています」

私は心の中で、もしこの男性が計画性を持っていたなら、今ごろ相当な資産家になっていただろうと思った。

10年間で50万ドルを稼いだ友人が、1カ月ほど前に会いにきた。「私がかなり稼いでいたころ、家族はとてもいい暮らしをしていました。しかし、残ったお金をすべて事業につぎ込み、パートナーが会社の金を横領していたことに気づいたときは手遅れでした。今は一銭も残っていません。自宅は銀行に差し押さえられています」

**一人の人間が生涯に稼ぐ金額はかなりのものだが、退職時に資産を築いている人はほとんどいない。**よく考えてみよう。アメリカは世界で最も裕福な国である。国民は無料で教育を受ける権利を保障されているし、社会に出てから機会も平等に与えられている。だが、この10年間で300万人以上が破産している。さらに、65歳に達した人々の半数以上が、社会保障に頼って生きているのが現状だ。

Idea 98

# 見返りのことを考えれば、資産形成はとても楽しい。

**資産形成は最も挑戦的でワクワクするゲームだ。それは経済的自由という有意義な目標を達成するための方法である。**

ビックとゲイルという若い夫婦が経済的自立のための計画を実行した1年目の経験について語ってくれた。

幼い娘がいるので、私は働いていません。夫の年収は約3万ドルです。私たちは貯金をはたいて1年前に小さい家を買いました。今は夫婦で資産形成をめざしています。最近、自分たちの経済的状況に不満を感じるようになりました。そこで、「1万2千ドルの新車は3千ドルの中古車の4倍の価値があるか?」「2千ドルの休暇は近場で過ごす千ドルの休暇の2倍の喜びをもたらすか?」と自問しました。

生命保険の掛金を支払うのは、満期になるまで保険会社に「私たちのお金を自由に使ってください」と言っているようなものだとわかりました。

こんなふうに、1年間に使ったお金をくまなくチェックしたのです。

ほかにも、あまり目を通していない雑誌を何冊も定期講読していることに気づきました。バーゲンだからというだけで買った品物がいくつもあります。そこで、無駄遣いをしている部分を探し、お金を貯めて投資するためのさまざまな方法を見つけました。

ひとつはタバコです。夫は何年間も毎日1箱吸っていました。健康によくないと何度も注意したのですが、効果はありませんでした。しかし、毎月のタバコ代にかかる75ドルを投資に回したとして12%で複利計算すると、65歳になるまでの32年間で総額50万ドルになることに気づいたとき、夫は禁煙に成功しました。

夫婦でかなり計画を練りました。資産形成に向けた最初の年には約5千ドルを投資信託に預けました。それに加えて積立貯金も利用しました。

「それは大きな犠牲でしたか?」と私は尋ねると、ゲイルは真顔でこう答えた。

「いいえ、これは実に楽しい生活です。おかげで将来の展望が見えてきました」

Idea 99

# 今さえよければいいと考えてはいけない。長期的視点に立って建設的な生き方をしよう。

利口な借金とは、もっと儲けるためにお金を借りることだ。たとえば10％の金利でお金を借りても、20％の収益をもたらすなら、利口な借金をしていることになる。

愚かな借金とは、クレジットカードでお金を借り、車や電化製品、家具のために分割払い方式を利用することだ。休暇や娯楽、服、浪費のためにお金を借りる人は、愚かな借金をしている。借り手は多額の利息を払わなければならず、その分は将来の収入から引いていくことになる。

最近、28歳の独身女性が封筒を開ける様子を観察した。

彼女は「やっと手に入ったわ」と大喜びで叫んだ。

「ゴールドカードが届いたんです。

ほら見てください。私は選ばれた少数の人たちの一人です。

このカードがあれば、自由に買い物ができます」

私は彼女の反応が理解できた。

人々はステータスを手に入れたいと願い、すべての人が持てるわけではないものを持ちたがる。

この女性にとってゴールドカードを持つことは、「れっきとした職業を持ち、まっとうな生活をし、金融業界では信頼に値する人物だとみなされています」と言ってもらっているようなものなのだ。

だが、私は「クレジットカードはこの女性に幸せと不幸のどちらをもたらすだろうか、彼女が資産を築くのを助けるか妨げるか、どちらだろうか?」と自問した。そして、タバコに思い至った。

かつてタバコは、「人々を魅力的にする」「神経を落ち着かせ、消化を助ける」などと言われていた。しかし、今や喫煙が及ぼす健康被害を知らない人はいないだろう。

クレジットカードはとても便利だが、多くの人にとって買い物依存症の原因になり、まるで機関銃のように将来の生活をぶち壊すおそれがある。

カードを使って買い物をすれば、そのときは幸せな気分に浸れるかもしれないが、やがて不幸な気分に襲われる。

どのタバコのパッケージにも「あなたの健康状態を害するおそれがあります」という警告表示が印刷されている。

それなら、どのクレジットカードにも「あなたの経済状態を害するおそれがありますから、使いすぎに気をつけましょう」と表示しておくべきだ。

「使えるカネは今すぐ使え」という意味の格言がたくさんある。

「食べて飲んで楽しく過ごせ。明日になれば死ぬかもしれない」がその典型だ。

**今さえよければいいという安易な考え方より、長期的視点に立って建設的な生き方をするほうが利口ではなかろうか？**

Idea 100

# 世の中の景気と自分の経済状態は違う。常に自分の経済状態を改善する努力をしよう。

この数十年間、ある大富豪と親交を深めてきた。現在、彼は87歳で、総資産は4億ドルを超えるが、ライフスタイルはきわめて質素だ。ヨットもプライベートジェットも所有せず、メイドも雇っていない。彼の人生の目的はお金を稼ぐことだ。その理由について、「それが楽しいし、**稼げば稼ぐほど、人々に善行を施すことができる**からだ」と言う。実際、彼は善行を施すためにお金を惜しまずに使い、多くの人を助けている。しかも、たいてい匿名での慈善行為だ。

彼は貧しい家庭に生まれ、無一文から身を起こして巨万の富を築いた。彼は「お金儲けのアイデアについては、ほかのどの本よりも聖書から多くのことを学んだ」と言う。

私は資産形成の秘訣について彼と何時間も議論してきた。彼の的確なアドバイスを紹介しよう。

「私は45歳になって初めてミクロ経済学とマクロ経済学の意味を知ったのだが、そのとき、自分の人生がなぜ順調だったかが理解できた。どうやら私は、それとは知らずにミクロ経済学を実践していたようだ。ほとんどの人は新聞の見出しを読み、テレビの経済ニュースを見ている。人々は日々の変動に気をとられているが、私にはそんなものは重要ではない。人々は自分の経済状態が世の中の景気と関連していると思っている。だから不況になれば自分の経済状態も苦しくなり、好況になれば自分も利益が得られると予想する」

「だが、そんな考え方は愚かだ」と彼は話を続けた。「私はアメリカ経済やヨーロッパ経済、世界経済については何も心配しない。私の関心事は自分の景気だ。ダウ平均に関心を寄せたことは一度もない。**利口な人は景気に関係なくお金を稼ぐし、愚かな人はどんなに好景気でもお金を失う。世間の人たちが貧しくて困っているからといって、自分まで貧しくなって困る必要はない。**最悪の疫病が流行るときですら総人口の一部しか死なない。同じことが不況についても言える。優良企業はしたたかに生き残る」

**大切なことは、ミクロ経済の視点で考え、自分にとって何がベストかを考えることだ。利口な人にアドバイスをしてもらうことは大切だが、最終的には自分で決めるべきだ。**

Idea 101

# 来るべき黄金時代に向けて投資しよう。

どの時代にもチャンスはいくらでもある。だが、未来がこれほど多くのことをこれほど多くの人に約束したことはかつてなかった。

私たちは黄金時代の幕開けに生きている。世の中には、見返りの大きいワクワクする時代に向けて準備している人がたくさんいる。

まず、経済のグローバル化が進んでいることに着目しよう。国家はますます経済的に相互依存するようになっている。貿易がどんどん活発におこなわれていることは、国家が生産に専念できるようになったことを意味している。

経済のグローバル化がもたらす重大な恩恵は、生産性の飛躍的な向上だ。おかげで人々は、ますます多くの製品やサービスを享受できるようになっている。

技術革新も進んでいる。

科学技術はすでに主要産業だが、その潜在力から見ると、まだまだこれからだ。遺伝子工学や太陽エネルギー、予防医学、宇宙開発などの分野では、チャンスが急増している。

アダム・スミスが200年以上も前に残した「**人間の欲望は飽くことを知らない**」という名言は、将来も真実であり続ける。

たとえば旅行について考えてみよう。

人々は国内であれ外国であれ、いろいろな場所に行きたがる。その欲望を完全に満たすことはできない。人々は旅行をすればするほどもっと旅行をしたがるからだ。海外旅行者の数は過去最高を記録しているが、今後20年間でさらに5倍以上に増えるだろう。旅行業界が航空会社やホテル業界にどんな影響を与えるかを考えてみるといい。

黄金時代はこの先にある。それに期待して投資をしよう。

だが、次のことを覚えておく必要がある。

40年前の人々が今日のチャンスを予見していなかったように、ほとんどの人はこの先にある黄金時代を予見していない。それに気づいたときは、時すでに遅く、大きな利益を得ることができない。

この40年間で社会がかなり改善されたにもかかわらず、この国にいまだに貧しい人がいることを子どもに説明するのは難しい。だが、将来、平凡な人間がいることを説明することはさらに難しくなるだろう。

**さあ、自分と愛する人たちのために、素晴らしい未来を切り開く決意をしよう。**

# すべてうまくいく人はこう考える

## 富と幸せを手に入れる魔法の黄金律

発行日　2025年1月26日　第1刷

Author　デイビッド・J・シュワルツ
Translator　弓場隆
Book Designer　山之口正和＋齋藤友貴＋高橋さくら（OKIKATA）

Publication　株式会社ディスカヴァー・トゥエンティワン
〒102-0093　東京都千代田区平河町2-16-1 平河町森タワー11F
TEL　03-3237-8321（代表）03-3237-8345（営業）
FAX　03-3237-8323
https://d21.co.jp/

Publisher　谷口奈緒美
Editor　大山聡子　元木優子

Store Sales Company
佐藤昌幸　蛯原昇　古矢薫　磯部隆　北野風生　松ノ下直輝　山田諭志
鈴木雄大　小山怜那　藤井多穂子　町田加奈子

Online Store Company
飯田智樹　庄司知世　杉田彰子　森谷真一　青木翔平　阿知波淳平
大﨑双葉　近江花渚　徳間凜太郎　廣内悠理　三輪真也　八木眸
古川菜津子　高原未来子　千葉潤子　金野美穂　松浦麻恵

Publishing Company
大山聡子　大竹朝子　藤田浩芳　三谷祐一　千葉正幸　中島俊平
伊東佑真　榎本明日香　大田原恵美　小石亜季　舘瑞恵　西川なつか
野﨑竜海　野中保奈美　野村美空　橋本莉奈　林秀樹　原典宏　牧野類
村尾純司　元木優子　安永姫菜　浅野目七重　厚見アレックス太郎
神日登美　小林亜由美　陳玟萱　波塚みなみ　林佳菜

Digital Solution Company
小野航平　馮東平　宇賀神実　津野主揮　林秀規

Headquarters
川島理　小関勝則　大星多聞　田中亜紀　山中麻吏　井上竜之介
奥田千晶　小田木もも　佐藤淳基　福永友紀　俵敬子　三上和雄　池田望
石橋佐知子　伊藤香　伊藤由美　鈴木洋子　福田章平　藤井かおり
丸山香織

Proofreader　株式会社T&K
DTP　株式会社RUHIA
Printing　シナノ印刷株式会社



ISBN978-4-7993-3116-3